は　し　が　き

　平成29年3月に告示された小学校学習指導要領が，令和2年度から全面実施されます。

　今回の学習指導要領では，各教科等の目標及び内容が，育成を目指す資質・能力の三つの柱（「知識及び技能」，「思考力，判断力，表現力等」，「学びに向かう力，人間性等」）に沿って再整理され，各教科等でどのような資質・能力の育成を目指すのかが明確化されました。これにより，教師が「子供たちにどのような力が身に付いたか」という学習の成果を的確に捉え，主体的・対話的で深い学びの視点からの授業改善を図る，いわゆる「指導と評価の一体化」が実現されやすくなることが期待されます。

　また，子供たちや学校，地域の実態を適切に把握した上で教育課程を編成し，学校全体で教育活動の質の向上を図る「カリキュラム・マネジメント」についても明文化されました。カリキュラム・マネジメントの一側面として，「教育課程の実施状況を評価してその改善を図っていくこと」がありますが，このためには，教育課程を編成・実施し，学習評価を行い，学習評価を基に教育課程の改善・充実を図るというPDCAサイクルを確立することが重要です。このことも，まさに「指導と評価の一体化」のための取組と言えます。

　このように，「指導と評価の一体化」の必要性は，今回の学習指導要領において，より一層明確なものとなりました。そこで，国立教育政策研究所教育課程研究センターでは，「幼稚園，小学校，中学校，高等学校及び特別支援学校の学習指導要領等の改善及び必要な方策等について（答申）」（平成28年12月21日中央教育審議会）をはじめ，「児童生徒の学習評価の在り方について（報告）」（平成31年1月21日中央教育審議会初等中等教育分科会教育課程部会）や「小学校，中学校，高等学校及び特別支援学校等における児童生徒の学習評価及び指導要録の改善等について」（平成31年3月29日付初等中等教育局長通知）を踏まえ，このたび「『指導と評価の一体化』のための学習評価に関する参考資料」を作成しました。

　本資料では，学習評価の基本的な考え方や，各教科等における評価規準の作成及び評価の実施等について解説しているほか，各教科等別に単元や題材に基づく学習評価について事例を紹介しています。各学校においては，本資料や各教育委員会等が示す学習評価に関する資料などを参考としながら，学習評価を含むカリキュラム・マネジメントを円滑に進めていただくことで，「指導と評価の一体化」を実現し，子供たちに未来の創り手となるために必要な資質・能力が育まれることを期待します。

　最後に，本資料の作成に御協力くださった方々に心から感謝の意を表します。

　令和2年3月

JN028183

国立教育政策研究所
教育課程研究センター長
　　　笹　井　弘　之

目次

※本冊子については，改訂後の常用漢字表（平成22年11月30日内閣告示）に基づいて表記しています。（学習指導要領及び初等中等教育局長通知等の引用部分を除く）

第 1 編

総説

第1編　総説

本編においては，以下の資料について，それぞれ略称を用いることとする。

> 答申：「幼稚園，小学校，中学校，高等学校及び特別支援学校の学習指導要領等の改善
> 及び必要な方策等について（答申）」　平成28年12月21日　中央教育審議会
> 報告：「児童生徒の学習評価の在り方について（報告）」　平成31年1月21日　中央教
> 育審議会　初等中等教育分科会　教育課程部会
> 改善等通知：「小学校，中学校，高等学校及び特別支援学校等における児童生徒の学習
> 評価及び指導要録の改善等について（通知）」　平成31年3月29日　初等中等
> 教育局長通知

第1章　平成29年改訂を踏まえた学習評価の改善

1　はじめに

　学習評価は，学校における教育活動に関し，児童生徒の学習状況を評価するものである。答申にもあるとおり，児童生徒の学習状況を的確に捉え，教師が指導の改善を図るとともに，児童生徒が自らの学びを振り返って次の学びに向かうことができるようにするためには，学習評価の在り方が極めて重要である。

　各教科等の評価については，学習状況を分析的に捉える「観点別学習状況の評価」と「評定」が学習指導要領に定める目標に準拠した評価として実施するものとされている[1]。観点別学習状況の評価とは，学校における児童生徒の学習状況を，複数の観点から，それぞれの観点ごとに分析する評価のことである。児童生徒が各教科等での学習において，どの観点で望ましい学習状況が認められ，どの観点に課題が認められるかを明らかにすることにより，具体的な学習や指導の改善に生かすことを可能とするものである。各学校において目標に準拠した観点別学習状況の評価を行うに当たっては，観点ごとに評価規準を定める必要がある。評価規準とは，観点別学習状況の評価を的確に行うため，学習指導要領に示す目標の実現の状況を判断するよりどころを表現したものである。本参考資料は，観点別学習状況の評価を実施する際に必要となる評価規準等，学習評価を行うに当たって参考となる情報をまとめたものである。

　以下，文部省指導資料から，評価規準について解説した部分を参考として引用する。

---

[1] 各教科の評価については，観点別学習状況の評価と，これらを総括的に捉える「評定」の両方について実施するものとされており，観点別学習状況の評価や評定には示しきれない児童生徒の一人一人のよい点や可能性，進歩の状況については，「個人内評価」として実施するものとされている。（P.6〜11に後述）

（参考）評価規準の設定（抄）

（文部省「小学校教育課程一般指導資料」（平成5年9月）より）

　新しい指導要録（平成3年改訂）では，観点別学習状況の評価が効果的に行われるようにするために，「各観点ごとに学年ごとの評価規準を設定するなどの工夫を行うこと」と示されています。

　これまでの指導要録においても，観点別学習状況の評価を適切に行うため，「観点の趣旨を学年別に具体化することなどについて工夫を加えることが望ましいこと」とされており，教育委員会や学校では目標の達成の度合いを判断するための基準や尺度などの設定について研究が行われてきました。

　しかし，それらは，ともすれば知識・理解の評価が中心になりがちであり，また「目標を十分達成（＋）」，「目標をおおむね達成（空欄)」及び「達成が不十分（－）」ごとに詳細にわたって設定され，結果としてそれを単に数量的に処理することに陥りがちであったとの指摘がありました。

　今回の改訂においては，学習指導要領が目指す学力観に立った教育の実践に役立つようにすることを改訂方針の一つとして掲げ，各教科の目標に照らしてその実現の状況を評価する観点別学習状況を各教科の学習の評価の基本に据えることとしました。したがって，評価の観点についても，学習指導要領に示す目標との関連を密にして設けられています。

　このように，学習指導要領が目指す学力観に立つ教育と指導要録における評価とは一体のものであるとの考え方に立って，各教科の目標の実現の状況を「関心・意欲・態度」，「思考・判断・表現」，「技能・表現（または技能）」及び「知識・理解」の観点ごとに適切に評価するため，「評価規準を設定する」ことを明確に示しているものです。

　「評価規準」という用語については，先に述べたように，新しい学力観に立って子供たちが自ら獲得し身に付けた資質や能力の質的な面，すなわち，学習指導要領の目標に基づく幅のある資質や能力の育成の実現状況の評価を目指すという意味から用いたものです。

2　平成29年改訂を踏まえた学習評価の意義

（1）学習評価の充実

　　平成29年改訂小・中学校学習指導要領総則においては，学習評価の充実について新たに項目が置かれた。具体的には，学習評価の目的等について以下のように示し，単元や題材など内容や時間のまとまりを見通しながら，児童生徒の主体的・対話的で深い学びの実現に向けた授業改善を行うと同時に，評価の場面や方法を工夫して，学習の過程や成果を評価することを示し，授業の改善と評価の改善を両輪として行っていくことの必要性を明示した。

・児童のよい点や進歩の状況などを積極的に評価し，学習したことの意義や価値を実感できるようにすること。また，各教科等の目標の実現に向けた学習状況を把握する観点から，単元や題材など内容や時間のまとまりを見通しながら評価の場面や方法を工夫して，学習の過程や成果を評価し，指導の改善や学習意欲の向上を図り，資質・能力の育成に生かすようにすること。

・創意工夫の中で学習評価の妥当性や信頼性が高められるよう，組織的かつ計画的な取組を推進するとともに，学年や学校段階を越えて児童の学習の成果が円滑に接続されるように工夫すること。

（小学校学習指導要領第1章総則　第3教育課程の実施と学習評価　2学習評価の充実）
（中学校学習指導要領にも同旨）

（2）カリキュラム・マネジメントの一環としての指導と評価

　　各学校における教育活動の多くは，学習指導要領等に従い児童生徒や地域の実態を踏まえて編成された教育課程の下，指導計画に基づく授業（学習指導）として展開される。各学校では，児童生徒の学習状況を評価し，その結果を児童生徒の学習や教師による指導の改善や学校全体としての教育課程の改善等に生かしており，学校全体として組織的かつ計画的に教育活動の質の向上を図っている。このように，「学習指導」と「学習評価」は学校の教育活動の根幹に当たり，教育課程に基づいて組織的かつ計画的に教育活動の質の向上を図る「カリキュラム・マネジメント」の中核的な役割を担っている。

（3）主体的・対話的で深い学びの視点からの授業改善と評価

　指導と評価の一体化を図るためには，児童生徒一人一人の学習の成立を促すための評価という視点を一層重視し，教師が自らの指導のねらいに応じて授業での児童生徒の学びを振り返り，学習や指導の改善に生かしていくことが大切である。すなわち，平成29年改訂学習指導要領で重視している「主体的・対話的で深い学び」の視点からの授業改善を通して各教科等における資質・能力を確実に育成する上で，学習評価は重要な役割を担っている。

（4）学習評価の改善の基本的な方向性

　（1）～（3）で述べたとおり，学習指導要領改訂の趣旨を実現するためには，学習評価の在り方が極めて重要であり，すなわち，学習評価を真に意味のあるものとし，指導と評価の一体化を実現することがますます求められている。

　このため，報告では，以下のように学習評価の改善の基本的な方向性が示された。

　①　児童生徒の学習改善につながるものにしていくこと

　②　教師の指導改善につながるものにしていくこと

　③　これまで慣行として行われてきたことでも，必要性・妥当性が認められないものは見直していくこと

3 平成29年改訂を受けた評価の観点の整理

　平成29年改訂学習指導要領においては，知・徳・体にわたる「生きる力」を児童生徒に育むために「何のために学ぶのか」という各教科等を学ぶ意義を共有しながら，授業の創意工夫や教科書等の教材の改善を引き出していくことができるようにするため，全ての教科等の目標及び内容を「知識及び技能」，「思考力，判断力，表現力等」，「学びに向かう力，人間性等」の育成を目指す資質・能力の三つの柱で再整理した（図1参照）。知・徳・体のバランスのとれた「生きる力」を育むことを目指すに当たっては，各教科等の指導を通してどのような資質・能力の育成を目指すのかを明確にしながら教育活動の充実を図ること，その際には，児童生徒の発達の段階や特性を踏まえ，資質・能力の三つの柱の育成がバランスよく実現できるよう留意する必要がある。

図1

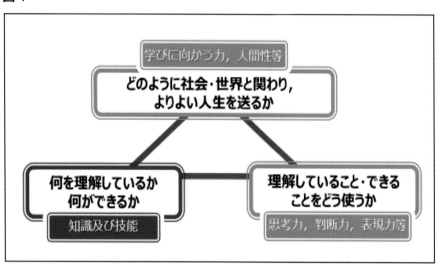

　観点別学習状況の評価については，こうした教育目標や内容の再整理を踏まえて，小・中・高等学校の各教科を通じて，4観点から3観点に整理された。（図2参照）

図2

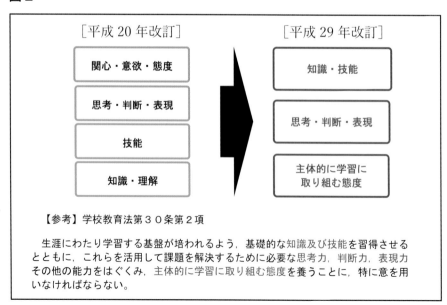

4　平成 29 年改訂学習指導要領における各教科の学習評価

　各教科の学習評価においては，平成 29 年改訂においても，学習状況を分析的に捉える「観点別学習状況の評価」と，これらを総括的に捉える「評定」の両方について，学習指導要領に定める目標に準拠した評価として実施するものとされた。改善等通知では，以下のように示されている。

【小学校児童指導要録】

　［各教科の学習の記録］

Ⅰ　観点別学習状況

　　学習指導要領に示す各教科の目標に照らして，その実現状況を観点ごとに評価し記入する。その際，

　　　「十分満足できる」状況と判断されるもの：A

　　　「おおむね満足できる」状況と判断されるもの：B

　　　「努力を要する」状況と判断されるもの：C

　のように区別して評価を記入する。

Ⅱ　評定（第 3 学年以上）

　　各教科の評定は，学習指導要領に示す各教科の目標に照らして，その実現状況を，

　　　「十分満足できる」状況と判断されるもの：3

　　　「おおむね満足できる」状況と判断されるもの：2

　　　「努力を要する」状況と判断されるもの：1

　のように区別して評価を記入する。

　　評定は各教科の学習の状況を総括的に評価するものであり，「観点別学習状況」において掲げられた観点は，分析的な評価を行うものとして，各教科の評定を行う場合において基本的な要素となるものであることに十分留意する。その際，評定の適切な決定方法等については，各学校において定める。

【中学校生徒指導要録】

（学習指導要領に示す必修教科の取扱いは次のとおり）

　［各教科の学習の記録］

Ⅰ　観点別学習状況（小学校児童指導要録と同じ）

　　学習指導要領に示す各教科の目標に照らして，その実現状況を観点ごとに評価し記入する。その際，

　　　「十分満足できる」状況と判断されるもの：A

　　　「おおむね満足できる」状況と判断されるもの：B

　　　「努力を要する」状況と判断されるもの：C

　のように区別して評価を記入する。

Ⅱ　評定

　　各教科の評定は，学習指導要領に示す各教科の目標に照らして，その実現状況を，

「十分満足できるもののうち，特に程度が高い」状況と判断されるもの：5

「十分満足できる」状況と判断されるもの：4

「おおむね満足できる」状況と判断されるもの：3

「努力を要する」状況と判断されるもの：2

「一層努力を要する」状況と判断されるもの：1

のように区別して評価を記入する。

　評定は各教科の学習の状況を総括的に評価するものであり，「観点別学習状況」において掲げられた観点は，分析的な評価を行うものとして，各教科の評定を行う場合において基本的な要素となるものであることに十分留意する。その際，評定の適切な決定方法等については，各学校において定める。

　また，観点別学習状況の評価や評定には示しきれない児童生徒一人一人のよい点や可能性，進歩の状況については，「個人内評価」として実施するものとされている。改善等通知においては，「観点別学習状況の評価になじまず個人内評価の対象となるものについては，児童生徒が学習したことの意義や価値を実感できるよう，日々の教育活動等の中で児童生徒に伝えることが重要であること。特に『学びに向かう力，人間性等』のうち『感性や思いやり』など児童生徒一人一人のよい点や可能性，進歩の状況などを積極的に評価し児童生徒に伝えることが重要であること。」と示されている。

　「3　平成29年改訂を受けた評価の観点の整理」も踏まえて各教科における評価の基本構造を図示化すると，以下のようになる。（図3参照）

図3

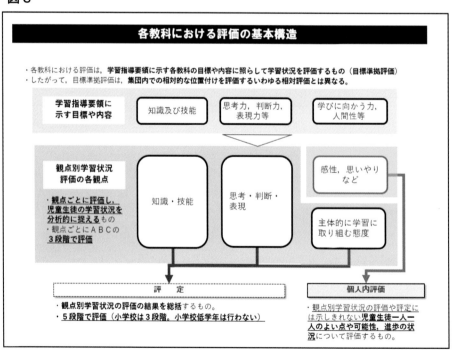

　上記の，「各教科における評価の基本構造」を踏まえた3観点の評価それぞれについて

の考え方は，以下の（1）～（3）のとおりとなる。なお，この考え方は，外国語活動（小学校），総合的な学習の時間，特別活動においても同様に考えることができる。

（1）「知識・技能」の評価について

　　「知識・技能」の評価は，各教科等における学習の過程を通した知識及び技能の習得状況について評価を行うとともに，それらを既有の知識及び技能と関連付けたり活用したりする中で，他の学習や生活の場面でも活用できる程度に概念等を理解したり，技能を習得したりしているかについても評価するものである。

　　「知識・技能」におけるこのような考え方は，従前の「知識・理解」（各教科等において習得すべき知識や重要な概念等を理解しているかを評価），「技能」（各教科等において習得すべき技能を身に付けているかを評価）においても重視してきたものである。

　　具体的な評価の方法としては，ペーパーテストにおいて，事実的な知識の習得を問う問題と，知識の概念的な理解を問う問題とのバランスに配慮するなどの工夫改善を図るとともに，例えば，児童生徒が文章による説明をしたり，各教科等の内容の特質に応じて，観察・実験したり，式やグラフで表現したりするなど，実際に知識や技能を用いる場面を設けるなど，多様な方法を適切に取り入れていくことが考えられる。

（2）「思考・判断・表現」の評価について

　　「思考・判断・表現」の評価は，各教科等の知識及び技能を活用して課題を解決する等のために必要な思考力，判断力，表現力等を身に付けているかを評価するものである。

　　「思考・判断・表現」におけるこのような考え方は，従前の「思考・判断・表現」の観点においても重視してきたものである。「思考・判断・表現」を評価するためには，教師は「主体的・対話的で深い学び」の視点からの授業改善を通じ，児童生徒が思考・判断・表現する場面を効果的に設計した上で，指導・評価することが求められる。

　　具体的な評価の方法としては，ペーパーテストのみならず，論述やレポートの作成，発表，グループでの話合い，作品の制作や表現等の多様な活動を取り入れたり，それらを集めたポートフォリオを活用したりするなど評価方法を工夫することが考えられる。

（3）「主体的に学習に取り組む態度」の評価について

　　答申において「学びに向かう力，人間性等」には，①「主体的に学習に取り組む態度」として観点別学習状況の評価を通じて見取ることができる部分と，②観点別学習状況の評価や評定にはなじまず，こうした評価では示しきれないことから個人内評価を通じて見取る部分があることに留意する必要があるとされている。すなわち，②については観点別学習状況の評価の対象外とする必要がある。

　　「主体的に学習に取り組む態度」の評価に際しては，単に継続的な行動や積極的な発言を行うなど，性格や行動面の傾向を評価するということではなく，各教科等の「主体的に学習に取り組む態度」に係る観点の趣旨に照らして，知識及び技能を習得したり，

思考力，判断力，表現力等を身に付けたりするために，自らの学習状況を把握し，学習の進め方について試行錯誤するなど自らの学習を調整しながら，学ぼうとしているかどうかという意思的な側面を評価することが重要である。

従前の「関心・意欲・態度」の観点も，各教科等の学習内容に関心をもつことのみならず，よりよく学ぼうとする意欲をもって学習に取り組む態度を評価するという考え方に基づいたものであり，この点を「主体的に学習に取り組む態度」として改めて強調するものである。

本観点に基づく評価は，「主体的に学習に取り組む態度」に係る各教科等の評価の観点の趣旨に照らして，

① 知識及び技能を獲得したり，思考力，判断力，表現力等を身に付けたりすることに向けた粘り強い取組を行おうとしている側面

② ①の粘り強い取組を行う中で，自らの学習を調整しようとする側面

という二つの側面を評価することが求められる[2]。（図4参照）

ここでの評価は，児童生徒の学習の調整が「適切に行われているか」を必ずしも判断するものではなく，学習の調整が知識及び技能の習得などに結び付いていない場合には，教師が学習の進め方を適切に指導することが求められる。

具体的な評価の方法としては，ノートやレポート等における記述，授業中の発言，教師による行動観察や児童生徒による自己評価や相互評価等の状況を，教師が評価を行う際に考慮する材料の一つとして用いることなどが考えられる。

図4

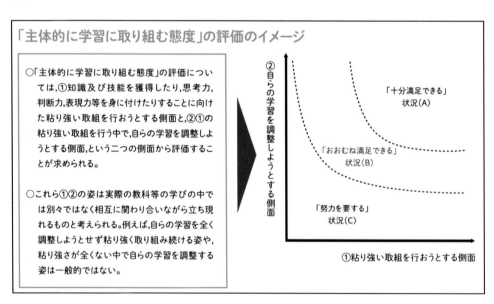

---

[2] これら①②の姿は実際の教科等の学びの中では別々ではなく相互に関わり合いながら立ち現れるものと考えられることから，実際の評価の場面においては，双方の側面を一体的に見取ることも想定される。例えば，自らの学習を全く調整しようとせず粘り強く取り組み続ける姿や，粘り強さが全くない中で自らの学習を調整する姿は一般的ではない。

　なお，学習指導要領の「2　内容」に記載のない「主体的に学習に取り組む態度」の評価については，後述する第2章1（2）を参照のこと[3]。

5　改善等通知における特別の教科　道徳，外国語活動（小学校），総合的な学習の時間，特別活動の指導要録の記録

　改善等通知においては，各教科の学習の記録とともに，以下の（1）～（4）の各教科等の指導要録における学習の記録について以下のように示されている。

（1）特別の教科　道徳について

　小学校等については，改善等通知別紙1に，「道徳の評価については，28文科初第604号「学習指導要領の一部改正に伴う小学校，中学校及び特別支援学校小学部・中学部における児童生徒の学習評価及び指導要録の改善等について（通知）」に基づき，学習活動における児童の学習状況や道徳性に係る成長の様子を個人内評価として文章で端的に記述する」こととされている（中学校等についても別紙2に同旨）。

（2）外国語活動について（小学校）

　改善等通知には，「外国語活動の記録については，評価の観点を記入した上で，それらの観点に照らして，児童の学習状況に顕著な事項がある場合にその特徴を記入する等，児童にどのような力が身に付いたかを文章で端的に記述すること」とされている。また，「評価の観点については，設置者は，小学校学習指導要領等に示す外国語活動の目標を踏まえ，改善等通知別紙4を参考に設定する」こととされている。

（3）総合的な学習の時間について

　小学校等については，改善等通知別紙1に，「総合的な学習の時間の記録については，この時間に行った学習活動及び各学校が自ら定めた評価の観点を記入した上で，それらの観点のうち，児童の学習状況に顕著な事項がある場合などにその特徴を記入する等，児童にどのような力が身に付いたかを文章で端的に記述すること」とされている。また，「評価の観点については，各学校において具体的に定めた目標，内容に基づいて別紙4を参考に定めること」とされている（中学校等についても別紙2に同旨）。

---

[3] 各教科等によって，評価の対象に特性があることに留意する必要がある。例えば，体育・保健体育科の運動に関する領域においては，公正や協力などを，育成する「態度」として学習指導要領に位置付けており，各教科等の目標や内容に対応した学習評価が行われることとされている。

（4）特別活動について

　小学校等については，改善等通知別紙１に，「特別活動の記録については，各学校が自ら定めた特別活動全体に係る評価の観点を記入した上で，各活動・学校行事ごとに，評価の観点に照らして十分満足できる活動の状況にあると判断される場合に，○印を記入する」とされている。また，「評価の観点については，学習指導要領等に示す特別活動の目標を踏まえ，各学校において改善等通知別紙４を参考に定める。その際，特別活動の特質や学校として重点化した内容を踏まえ，例えば『主体的に生活や人間関係をよりよくしようとする態度』などのように，より具体的に定めることも考えられる。記入に当たっては，特別活動の学習が学校や学級における集団活動や生活を対象に行われるという特質に留意する」とされている（中学校等についても別紙２に同旨）。

　なお，特別活動は学級担任以外の教師が指導する活動が多いことから，評価体制を確立し，共通理解を図って，児童生徒のよさや可能性を多面的・総合的に評価するとともに，確実に資質・能力が育成されるよう指導の改善に生かすことが求められる。

6　障害のある児童生徒の学習評価について

　学習評価に関する基本的な考え方は，障害のある児童生徒の学習評価についても変わるものではない。

　障害のある児童生徒については，特別支援学校等の助言又は援助を活用しつつ，個々の児童生徒の障害の状態や特性及び心身の発達の段階に応じた指導内容や指導方法の工夫を行い，その評価を適切に行うことが必要である。また，指導内容や指導方法の工夫については，学習指導要領の各教科の「指導計画の作成と内容の取扱い」の「指導計画作成上の配慮事項」の「障害のある児童生徒への配慮についての事項」についての学習指導要領解説も参考となる。

7　評価の方針等の児童生徒や保護者への共有について

　学習評価の妥当性や信頼性を高めるとともに，児童生徒自身に学習の見通しをもたせるために，学習評価の方針を事前に児童生徒と共有する場面を必要に応じて設けることが求められており，児童生徒に評価の結果をフィードバックする際にも，どのような方針によって評価したのかを改めて児童生徒に共有することも重要である。

　また，新学習指導要領下での学習評価の在り方や基本方針等について，様々な機会を捉えて保護者と共通理解を図ることが非常に重要である。

第2章　学習評価の基本的な流れ

1　各教科における評価規準の作成及び評価の実施等について

（1）目標と観点の趣旨との対応関係について

　　　評価規準の作成に当たっては，各学校の実態に応じて目標に準拠した評価を行うために，「評価の観点及びその趣旨[4]」が各教科等の目標を踏まえて作成されていること，また同様に，「学年別（又は分野別）の評価の観点の趣旨[5]」が学年（又は分野）の目標を踏まえて作成されていることを確認することが必要である。

　　　なお，「主体的に学習に取り組む態度」の観点は，教科等及び学年（又は分野）の目標の（3）に対応するものであるが，観点別学習状況の評価を通じて見取ることができる部分をその内容として整理し，示していることを確認することが必要である。（図5，6参照）

図5

【学習指導要領「教科の目標」】

学習指導要領　各教科等の「第1　目標」

（1）	（2）	（3）
（知識及び技能に関する目標）	（思考力，判断力，表現力等に関する目標）	（学びに向かう力，人間性等に関する目標）[6]

【改善等通知「評価の観点及びその趣旨」】

改善等通知　別紙4　評価の観点及びその趣旨

観点	知識・技能	思考・判断・表現	主体的に学習に取り組む態度
趣旨	（知識・技能の観点の趣旨）	（思考・判断・表現の観点の趣旨）	（主体的に学習に取り組む態度の観点の趣旨）

---

[4] 各教科等の学習指導要領の目標の規定を踏まえ，観点別学習状況の評価の対象とするものについて整理したものが教科等の観点の趣旨である。

[5] 各学年（又は分野）の学習指導要領の目標を踏まえ，観点別学習状況の評価の対象とするものについて整理したものが学年別（又は分野別）の観点の趣旨である。

[6] 学びに向かう力，人間性等に関する目標には，個人内評価として実施するものも含まれている。（P.8図3参照）※学年（又は分野）の目標についても同様である。

図6

【学習指導要領「学年（又は分野）の目標」】

学習指導要領　各教科等の「第2　各学年の目標及び内容」の学年ごとの「1　目標」

(1)	(2)	(3)
（知識及び技能に関する目標）	（思考力，判断力，表現力等に関する目標）	（学びに向かう力，人間性等に関する目標）

【改善等通知　別紙4「学年別（又は分野別）の評価の観点の趣旨」】

観点	知識・技能	思考・判断・表現	主体的に学習に取り組む態度
趣旨	（知識・技能の観点の趣旨）	（思考・判断・表現の観点の趣旨）	（主体的に学習に取り組む態度の観点の趣旨）

（2）「内容のまとまりごとの評価規準」とは

　　本参考資料では，評価規準の作成等について示す。具体的には，学習指導要領の規定から「内容のまとまりごとの評価規準」を作成する際の手順を示している。ここでの「内容のまとまり」とは，学習指導要領に示す各教科等の「第2　各学年の目標及び内容　2　内容」の項目等をそのまとまりごとに細分化したり整理したりしたものである[7]。平成29年改訂学習指導要領においては資質・能力の三つの柱に基づく構造化が行われたところであり，基本的には，学習指導要領に示す各教科等の「第2　各学年（分野）の目標及び内容」の「2　内容」において[8]，「内容のまとまり」ごとに育成を目指す資質・

---

[7] 各教科等の学習指導要領の「第3　指導計画の作成と内容の取扱い」1(1)に「単元（題材）などの内容や時間のまとまり」という記載があるが，この「内容や時間のまとまり」と，本参考資料における「内容のまとまり」は同義ではないことに注意が必要である。前者は，主体的・対話的で深い学びを実現するため，主体的に学習に取り組めるよう学習の見通しを立てたり学習したことを振り返ったりして自身の学びや変容を自覚できる場面をどこに設定するか，対話によって自分の考えなどを広げたり深めたりする場面をどこに設定するか，学びの深まりをつくりだすために，児童生徒が考える場面と教師が教える場面をどのように組み立てるか，といった視点による授業改善は，1単位時間の授業ごとに考えるのではなく，単元や題材などの一定程度のまとまりごとに検討されるべきであることが示されたものである。後者（本参考資料における「内容のまとまり」）については，本文に述べるとおりである。

[8] 小学校家庭においては，「第2　各学年の内容」，「1　内容」，小学校外国語・外国語活動，中学校外国語においては，「第2　各言語の目標及び内容等」，「1　目標」である。

能力が示されている。このため，「2　内容」の記載はそのまま学習指導の目標となりうるものである[9]。学習指導要領の目標に照らして観点別学習状況の評価を行うに当たり，児童生徒が資質・能力を身に付けた状況を表すために，「2　内容」の記載事項の文末を「〜すること」から「〜している」と変換したもの等を，本参考資料において「内容のまとまりごとの評価規準」と呼ぶこととする[10]。

　ただし，「主体的に学習に取り組む態度」に関しては，特に，児童生徒の学習への継続的な取組を通して現れる性質を有すること等から[11]，「2　内容」に記載がない[12]。そのため，各学年（又は分野）の「1　目標」を参考にしつつ，必要に応じて，改善等通知別紙4に示された学年（又は分野）別の評価の観点の趣旨のうち「主体的に学習に取り組む態度」に関わる部分を用いて「内容のまとまりごとの評価規準」を作成する必要がある。

　なお，各学校においては，「内容のまとまりごとの評価規準」の考え方を踏まえて，学習評価を行う際の評価規準を作成する。

（3）「内容のまとまりごとの評価規準」を作成する際の基本的な手順

　各教科における，「内容のまとまりごとの評価規準」を作成する際の基本的な手順は以下のとおりである。

　学習指導要領に示された教科及び学年（又は分野）の目標を踏まえて，「評価の観点及びその趣旨」が作成されていることを理解した上で，

①　各教科における「内容のまとまり」と「評価の観点」との関係を確認する。

②　【観点ごとのポイント】を踏まえ，「内容のまとまりごとの評価規準」を作成する。

---

[9] 「2　内容」において示されている指導事項等を整理することで「内容のまとまり」を構成している教科もある。この場合は，整理した資質・能力をもとに，構成された「内容のまとまり」に基づいて学習指導の目標を設定することとなる。また，目標や評価規準の設定は，教育課程を編成する主体である各学校が，学習指導要領に基づきつつ児童生徒や学校，地域の実情に応じて行うことが必要である。

[10] 小学校家庭，中学校技術・家庭（家庭分野）については，学習指導要領の目標及び分野の目標の（2）に思考力・判断力・表現力等の育成に係る学習過程が記載されているため，これらを踏まえて「内容のまとまりごとの評価規準」を作成する必要がある。

[11] 各教科等の特性によって単元や題材など内容や時間のまとまりはさまざまであることから，評価を行う際は，それぞれの実現状況が把握できる段階について検討が必要である。

[12] 各教科等によって，評価の対象に特性があることに留意する必要がある。例えば，体育・保健体育科の運動に関する領域においては，公正や協力などを，育成する「態度」として学習指導要領に位置付けており，各教科等の目標や内容に対応した学習評価が行われることとされている。

①，②については，第2編において詳述する。同様に，【観点ごとのポイント】についても，第2編に各教科等において示している。

（4）評価の計画を立てることの重要性

学習指導のねらいが児童生徒の学習状況として実現されたかについて，評価規準に照らして観察し，毎時間の授業で適宜指導を行うことは，育成を目指す資質・能力を児童生徒に育むためには不可欠である。その上で，評価規準に照らして，観点別学習状況の評価をするための記録を取ることになる。そのためには，いつ，どのような方法で，児童生徒について観点別学習状況を評価するための記録を取るのかについて，評価の計画を立てることが引き続き大切である。

毎時間児童生徒全員について記録を取り，総括の資料とするために蓄積することは現実的ではないことからも，児童生徒全員の学習状況を記録に残す場面を精選し，かつ適切に評価するための評価の計画が一層重要になる。

（5）観点別学習状況の評価に係る記録の総括

適切な評価の計画の下に得た，児童生徒の観点別学習状況の評価に係る記録の総括の時期としては，単元（題材）末，学期末，学年末等の節目が考えられる。

総括を行う際，観点別学習状況の評価に係る記録が，観点ごとに複数ある場合は，例えば，次のような方法が考えられる。

・ **評価結果のＡ，Ｂ，Ｃの数を基に総括する場合**

何回か行った評価結果のＡ，Ｂ，Ｃの数が多いものが，その観点の学習の実施状況を最もよく表現しているとする考え方に立つ総括の方法である。例えば，3回評価を行った結果が「ＡＢＢ」ならばＢと総括することが考えられる。なお，「ＡＡＢＢ」の総括結果をＡとするかＢとするかなど，同数の場合や三つの記号が混在する場合の総括の仕方をあらかじめ各学校において決めておく必要がある。

・ **評価結果のＡ，Ｂ，Ｃを数値に置き換えて総括する場合**

何回か行った評価結果Ａ，Ｂ，Ｃを，例えばＡ＝3，Ｂ＝2，Ｃ＝1のように数値によって表し，合計したり平均したりする総括の方法である。例えば，総括の結果をＢとする範囲を［2.5≧平均値≧1.5］とすると，「ＡＢＢ」の平均値は，約2.3［（3＋2＋2）÷3］で総括の結果はＢとなる。

なお，評価の各節目のうち特定の時点に重きを置いて評価を行う場合など，この例のような平均値による方法以外についても様々な総括の方法が考えられる。

（6）観点別学習状況の評価の評定への総括

評定は，各教科の観点別学習状況の評価を総括した数値を示すものである。評定は，児童生徒がどの教科の学習に望ましい学習状況が認められ，どの教科の学習に課題が

認められるのかを明らかにすることにより，教育課程全体を見渡した学習状況の把握と指導や学習の改善に生かすことを可能とするものである。

評定への総括は，学期末や学年末などに行われることが多い。学年末に評定へ総括する場合には，学期末に総括した評定の結果を基にする場合と，学年末に観点ごとに総括した結果を基にする場合が考えられる。

観点別学習状況の評価の評定への総括は，各観点の評価結果をA，B，Cの組合せ，又は，A，B，Cを数値で表したものに基づいて総括し，その結果を小学校では3段階，中学校では5段階で表す。

A，B，Cの組合せから評定に総括する場合，各観点とも同じ評価がそろう場合は，小学校については，「BBB」であれば2を基本としつつ，「AAA」であれば3，「CCC」であれば1とするのが適当であると考えられる。中学校については，「BBB」であれば3を基本としつつ，「AAA」であれば5又は4，「CCC」であれば2又は1とするのが適当であると考えられる。それ以外の場合は，各観点のA，B，Cの数の組合せから適切に評定することができるようあらかじめ各学校において決めておく必要がある。

なお，観点別学習状況の評価結果は，「十分満足できる」状況と判断されるものをA，「おおむね満足できる」状況と判断されるものをB，「努力を要する」状況と判断されるものをCのように表されるが，そこで表された学習の実現状況には幅があるため，機械的に評定を算出することは適当ではない場合も予想される。

また，評定は，小学校については，小学校学習指導要領等に示す各教科の目標に照らして，その実現状況を「十分満足できる」状況と判断されるものを3，「おおむね満足できる」状況と判断されるものを2，「努力を要する」状況と判断されるものを1，中学校については，中学校学習指導要領等に示す各教科の目標に照らして，その実現状況を「十分満足できるもののうち，特に程度が高い」状況と判断されるものを5，「十分満足できる」状況と判断されるものを4，「おおむね満足できる」状況と判断されるものを3，「努力を要する」状況と判断されるものを2，「一層努力を要する」状況と判断されるものを1という数値で表される。しかし，この数値を児童生徒の学習状況について三つ（小学校）又は五つ（中学校）に分類したものとして捉えるのではなく，常にこの結果の背景にある児童生徒の具体的な学習の実現状況を思い描き，適切に捉えることが大切である。評定への総括に当たっては，このようなことも十分に検討する必要がある[13]。

なお，各学校では観点別学習状況の評価の観点ごとの総括及び評定への総括の考え

---

[13] 改善等通知では，「評定は各教科の学習の状況を総括的に評価するものであり，『観点別学習状況』において掲げられた観点は，分析的な評価を行うものとして，各教科の評定を行う場合において基本的な要素となるものであることに十分留意する。その際，評定の適切な決定方法等については，各学校において定める。」と示されている。(P.7，8参照)

方や方法について，教師間で共通理解を図り，児童生徒及び保護者に十分説明し理解を
得ることが大切である。

2 総合的な学習の時間における評価規準の作成及び評価の実施等について
（1）総合的な学習の時間の「評価の観点」について

平成29年改訂学習指導要領では，各教科等の目標や内容を「知識及び技能」，「思考
力，判断力，表現力等」，「学びに向かう力，人間性等」の資質・能力の三つの柱で再整
理しているが，このことは総合的な学習の時間においても同様である。

総合的な学習の時間においては，学習指導要領が定める目標を踏まえて各学校が目
標や内容を設定するという総合的な学習の時間の特質から，各学校が観点を設定する
という枠組みが維持されている。一方で，各学校が目標や内容を定める際には，学習指
導要領において示された以下について考慮する必要がある。

【各学校において定める目標】
・　各学校において定める目標については，各学校における教育目標を踏まえ，総合
　的な学習の時間を通して育成を目指す資質・能力を示すこと。　　（第2の3(1)）

総合的な学習の時間を通して育成を目指す資質・能力を示すとは，各学校における教
育目標を踏まえて，各学校において定める目標の中に，この時間を通して育成を目指す
資質・能力を，三つの柱に即して具体的に示すということである。

【各学校において定める内容】
・　探究課題の解決を通して育成を目指す具体的な資質・能力については，次の事
　項に配慮すること。
　ア　知識及び技能については，他教科等及び総合的な学習の時間で習得する知識及
　　び技能が相互に関連付けられ，社会の中で生きて働くものとして形成されるよう
　　にすること。
　イ　思考力，判断力，表現力等については，課題の設定，情報の収集，整理・分析，
　　まとめ・表現などの探究的な学習の過程において発揮され，未知の状況において
　　活用できるものとして身に付けられるようにすること。
　ウ　学びに向かう力，人間性等については，自分自身に関すること及び他者や社会
　　との関わりに関することの両方の視点を踏まえること。　　（第2の3(6)）

各学校において定める内容について，今回の改訂では新たに，「目標を実現するにふ
さわしい探究課題」，「探究課題の解決を通して育成を目指す具体的な資質・能力」の二
つを定めることが示された。「探究課題の解決を通して育成を目指す具体的な資質・能
力」とは，各学校において定める目標に記された資質・能力を，各探究課題に即して具
体的に示したものであり，教師の適切な指導の下，児童生徒が各探究課題の解決に取り
組む中で，育成することを目指す資質・能力のことである。この具体的な資質・能力も，
「知識及び技能」，「思考力，判断力，表現力等」，「学びに向かう力，人間性等」という

資質・能力の三つの柱に即して設定していくことになる。

このように，各学校において定める目標と内容には，三つの柱に沿った資質・能力が明示されることになる。

したがって，資質・能力の三つの柱で再整理した新学習指導要領の下での指導と評価の一体化を推進するためにも，評価の観点についてこれらの資質・能力に関わる「知識・技能」，「思考・判断・表現」，「主体的に学習に取り組む態度」の3観点に整理し示したところである。

（2）総合的な学習の時間の「内容のまとまり」の考え方

学習指導要領の第2の2では，「各学校においては，第1の目標を踏まえ，各学校の総合的な学習の時間の内容を定める。」とされており，各教科のようにどの学年で何を指導するのかという内容を明示していない。これは，各学校が，学習指導要領が定める目標の趣旨を踏まえて，地域や学校，児童生徒の実態に応じて，創意工夫を生かした内容を定めることが期待されているからである。

この内容の設定に際しては，前述したように「目標を実現するにふさわしい探究課題」，「探究課題の解決を通して育成を目指す具体的な資質・能力」の二つを定めることが示され，探究課題としてどのような対象と関わり，その探究課題の解決を通して，どのような資質・能力を育成するのかが内容として記述されることになる。（図7参照）

図7

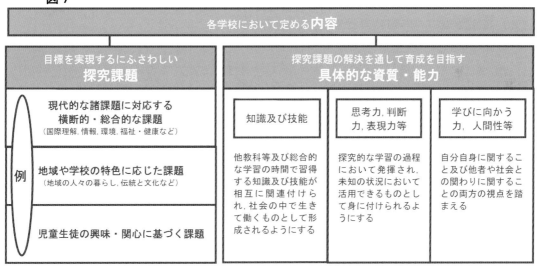

本参考資料第1編第2章の1（2）では，「内容のまとまり」について，「学習指導要領に示す各教科等の『第2　各学年の目標及び内容　2　内容』の項目等をそのまとまりごとに細分化したり整理したりしたもので，『内容のまとまり』ごとに育成を目指す資質・能力が示されている」と説明されている。

したがって，総合的な学習の時間における「内容のまとまり」とは，全体計画に示した「目標を実現するにふさわしい探究課題」のうち，一つ一つの探究課題とその探究課題に応じて定めた具体的な資質・能力と考えることができる。

（3）「内容のまとまりごとの評価規準」を作成する際の基本的な手順

　　総合的な学習の時間における，「内容のまとまりごとの評価規準」を作成する際の基本的な手順は以下のとおりである。

①　各学校において定めた目標（第2の1）と「評価の観点及びその趣旨」を確認する。
②　各学校において定めた内容の記述（「内容のまとまり」として探究課題ごとに作成した「探究課題の解決を通して育成を目指す具体的な資質・能力」）が，観点ごとにどのように整理されているかを確認する。
③【観点ごとのポイント】を踏まえ，「内容のまとまりごとの評価規準」を作成する。

3　特別活動の「評価の観点」とその趣旨，並びに評価規準の作成及び評価の実施等について

（1）特別活動の「評価の観点」とその趣旨について

　　特別活動においては，改善等通知において示されたように，特別活動の特質と学校の創意工夫を生かすということから，設置者ではなく，「各学校で評価の観点を定める」ものとしている。本参考資料では「評価の観点」とその趣旨の設定について示している。

（2）特別活動の「内容のまとまり」

　　小学校においては，学習指導要領の内容の〔学級活動〕「（1）学級や学校における生活づくりへの参画」，「（2）日常の生活や学習への適応と自己の成長及び健康安全」，「（3）一人一人のキャリア形成と自己実現」，〔児童会活動〕，〔クラブ活動〕，〔学校行事〕（1）儀式的行事，（2）文化的行事，（3）健康安全・体育的行事，（4）遠足・集団宿泊的行事，（5）勤労生産・奉仕的行事を「内容のまとまり」とした。

　　中学校においては，学習指導要領の内容の〔学級活動〕「（1）学級や学校における生活づくりへの参画」，「（2）日常の生活や学習への適応と自己の成長及び健康安全」，「（3）一人一人のキャリア形成と自己実現」，〔生徒会活動〕，〔学校行事〕（1）儀式的行事，（2）文化的行事，（3）健康安全・体育的行事，（4）旅行・集団宿泊的行事，（5）勤労生産・奉仕的行事を「内容のまとまり」とした。

（3）特別活動の「評価の観点」とその趣旨，並びに「内容のまとまりごとの評価規準」を作成する際の基本的な手順

　　各学校においては，学習指導要領に示された特別活動の目標及び内容を踏まえ，自校の実態に即し，改善等通知の例示を参考に観点を作成する。その際，例えば，特別活動の特質や学校として重点化した内容を踏まえて，具体的な観点を設定することが考えられる。

　また，学習指導要領解説では，各活動・学校行事の内容ごとに育成を目指す資質・能力が例示されている。そこで，学習指導要領で示された「各活動・学校行事の目標」及び学習指導要領解説で例示された「資質・能力」を確認し，各学校の実態に合わせて育成を目指す資質・能力を重点化して設定する。

　次に，各学校で設定した，各活動・学校行事で育成を目指す資質・能力を踏まえて，「内容のまとまりごとの評価規準」を作成する。その際，小学校の学級活動においては，学習指導要領で示した「各学年段階における配慮事項」や，学習指導要領解説に示した「発達の段階に即した指導のめやす」を踏まえて，低・中・高学年ごとに評価規準を作成することが考えられる。基本的な手順は以下のとおりである。

---

① 　学習指導要領の「特別活動の目標」と改善等通知を確認する。

---

② 　学習指導要領の「特別活動の目標」と自校の実態を踏まえ，改善等通知の例示を参考に，特別活動の「評価の観点」とその趣旨を設定する。

---

③ 　学習指導要領の「各活動・学校行事の目標」及び学習指導要領解説特別活動編（平成29年7月）で例示した「各活動・学校行事における育成を目指す資質・能力」を参考に，各学校において育成を目指す資質・能力を重点化して設定する。

---

④ 　【観点ごとのポイント】を踏まえ，「内容のまとまりごとの評価規準」を作成する。

（参考）平成23年「評価規準の作成，評価方法等の工夫改善のための参考資料」からの変更点について

　今回作成した本参考資料は，平成23年の「評価規準の作成，評価方法等の工夫改善のための参考資料」を踏襲するものであるが，以下のような変更点があることに留意が必要である[14]。

　まず，平成23年の参考資料において使用していた「評価規準に盛り込むべき事項」や「評価規準の設定例」については，報告において「現行の参考資料のように評価規準を詳細に示すのではなく，各教科等の特質に応じて，学習指導要領の規定から評価規準を作成する際の手順を示すことを基本とする」との指摘を受け，第2編において示すことを改め，本参考資料の第3編における事例の中で，各教科等の事例に沿った評価規準を例示したり，その作成手順等を紹介したりする形に改めている。

　次に，本参考資料の第2編に示す「内容のまとまりごとの評価規準」は，平成23年の「評価規準の作成，評価方法等の工夫改善のための参考資料」において示した「評価規準に盛り込むべき事項」と作成の手順を異にする。具体的には，「評価規準に盛り込むべき事項」は，平成20年改訂学習指導要領における各教科等の目標，各学年（又は分野）の目標及び内容の記述を基に，学習評価及び指導要録の改善通知で示している各教科等の評価の観点及びその趣旨，学年（又は分野）別の評価の観点の趣旨を踏まえて作成したものである。

　また，平成23年の参考資料では「評価規準に盛り込むべき事項」をより具体化したものを「評価規準の設定例」として示している。「評価規準の設定例」は，原則として，学習指導要領の各教科等の目標，学年（又は分野）別の目標及び内容のほかに，当該部分の学習指導要領解説（文部科学省刊行）の記述を基に作成していた。他方，本参考資料における「内容のまとまりごとの評価規準」については，平成29年改訂の学習指導要領の目標及び内容が育成を目指す資質・能力に関わる記述で整理されたことから，既に確認のとおり，そこでの「内容のまとまり」ごとの記述を，文末を変換するなどにより評価規準とすることを可能としており，学習指導要領の記載と表裏一体をなす関係にあると言える。

　さらに，「主体的に学習に取り組む態度」の「各教科等・各学年等の評価の観点の趣旨」についてである。前述のとおり，従前の「関心・意欲・態度」の観点から「主体的に学習に取り組む態度」の観点に改められており，「主体的に学習に取り組む態度」の観点に関しては各学年（又は分野）の「1　目標」を参考にしつつ，必要に応じて，改善等通知別紙4に示された学年（又は分野）別の評価の観点の趣旨のうち「主体的に学習に取り組む態度」に関わる部分を用いて「内容のまとまりごとの評価規準」を作成する必要がある。

---

[14] 特別活動については，これまでも三つの観点に基づいて児童生徒の資質・能力の育成を目指し，指導に生かしてきたところであり，上記の変更点に該当するものではないことに留意が必要である。

報告にあるとおり,「主体的に学習に取り組む態度」は, 現行の「関心・意欲・態度」の観点の本来の趣旨であった, 各教科等の学習内容に関心をもつことのみならず, よりよく学ぼうとする意欲をもって学習に取り組む態度を評価することを改めて強調するものである。また, 本観点に基づく評価としては,「主体的に学習に取り組む態度」に係る各教科等の評価の観点の趣旨に照らし,

① 知識及び技能を獲得したり, 思考力, 判断力, 表現力等を身に付けたりすることに向けた粘り強い取組を行おうとする側面と,

② ①の粘り強い取組を行う中で, 自らの学習を調整しようとする側面,

という二つの側面を評価することが求められるとされた[15]。

以上の点から, 今回の改善等通知で示した「主体的に学習に取り組む態度」の「各教科等・各学年等の評価の観点の趣旨」は, 平成 22 年通知で示した「関心・意欲・態度」の「各教科等・各学年等の評価の観点の趣旨」から改められている。

---

[15] 各教科等によって, 評価の対象に特性があることに留意する必要がある。例えば, 体育・保健体育科の運動に関する領域においては, 公正や協力などを, 育成する「態度」として学習指導要領に位置付けており, 各教科等の目標や内容に対応した学習評価が行われることとされている。

第２編

「内容のまとまりごとの評価規準」
を作成する際の手順

1 小学校図画工作科の「内容のまとまり」

小学校図画工作科における「内容のまとまり」は，以下のようになっている。

〔第1学年及び第2学年〕

　　造形遊び・・・・・・・「A表現」(1)ア，(2)ア，〔共通事項〕(1)ア，イ

　　絵や立体，工作・・・「A表現」(1)イ，(2)イ，〔共通事項〕(1)ア，イ

　　鑑賞・・・・・・・・「B鑑賞」(1)ア，〔共通事項〕(1)ア，イ

〔第3学年及び第4学年〕

　　造形遊び・・・・・・・「A表現」(1)ア，(2)ア，〔共通事項〕(1)ア，イ

　　絵や立体，工作・・・「A表現」(1)イ，(2)イ，〔共通事項〕(1)ア，イ

　　鑑賞・・・・・・・・「B鑑賞」(1)ア，〔共通事項〕(1)ア，イ

〔第5学年及び第6学年〕

　　造形遊び・・・・・・・「A表現」(1)ア，(2)ア，〔共通事項〕(1)ア，イ

　　絵や立体，工作・・・「A表現」(1)イ，(2)イ，〔共通事項〕(1)ア，イ

　　鑑賞・・・・・・・・「B鑑賞」(1)ア，〔共通事項〕(1)ア，イ

2 小学校図画工作科における「内容のまとまりごとの評価規準」作成の手順

　ここでは，第1学年及び第2学年の「造形遊び」，第3学年及び第4学年の「絵や立体，工作」，第5学年及び第6学年の「鑑賞」を取り上げて，「内容のまとまりごとの評価規準」作成の手順を説明する。

　まず，学習指導要領に示された教科及び学年の目標を踏まえて，「評価の観点及びその趣旨」が作成されていることを理解する。その上で，①及び②の手順を踏む。

＜例1　第1学年及び第2学年の「造形遊び」＞

【小学校学習指導要領 第2章 第7節　図画工作「第1 目標」】

　表現及び鑑賞の活動を通して，造形的な見方・考え方を働かせ，生活や社会の中の形や色などと豊かに関わる資質・能力を次のとおり育成することを目指す。

（1）	（2）	（3）
対象や事象を捉える造形的な視点について自分の感覚や行為を通して理解するとともに，材料や用具を使い，表し方などを工夫して，創造的につくったり表したりすることができるようにする。	造形的なよさや美しさ，表したいこと，表し方などについて考え，創造的に発想や構想をしたり，作品などに対する自分の見方や感じ方を深めたりすることができるようにする。	つくりだす喜びを味わうとともに，感性を育み，楽しく豊かな生活を創造しようとする態度を養い，豊かな情操を培う。

（小学校学習指導要領 P.129）

【改善等通知 別紙4　図画工作・美術（1）評価の観点及びその趣旨　＜小学校　図画工作＞】

知識・技能	思考・判断・表現	主体的に学習に取り組む態度
・対象や事象を捉える造形的な視点について自分の感覚や行為を通して理解している。 ・材料や用具を使い，表し方などを工夫して，創造的につくったり表したりしている。	形や色などの造形的な特徴を基に，自分のイメージをもちながら，造形的なよさや美しさ，表したいこと，表し方などについて考えるとともに，創造的に発想や構想をしたり，作品などに対する自分の見方や感じ方を深めたりしている。	つくりだす喜びを味わい主体的に表現及び鑑賞の学習活動に取り組もうとしている。

（改善等通知　別紙4　P.16）

【小学校学習指導要領 第2章 第7節　図画工作「第2　各学年の目標及び内容」

〔第1学年及び第2学年〕　1　目標】

（1）	（2）	（3）
対象や事象を捉える造形的な視点について自分の感覚や行為を通して気付くとともに，手や体全体の感覚などを働かせ材料や用具を使い，表し方などを工夫して，創造的につくったり表したりすることができるようにする。	造形的な面白さや楽しさ，表したいこと，表し方などについて考え，楽しく発想や構想をしたり，身の回りの作品などから自分の見方や感じ方を広げたりすることができるようにする。	楽しく表現したり鑑賞したりする活動に取り組み，つくりだす喜びを味わうとともに，形や色などに関わり楽しい生活を創造しようとする態度を養う。

（小学校学習指導要領 P.129）

【改善等通知 別紙4　図画工作・美術（2）学年別の評価の観点の趣旨

＜小学校　図画工作＞第1学年及び第2学年】

知識・技能	思考・判断・表現	主体的に学習に取り組む態度
・対象や事象を捉える造形的な視点について自分の感覚や行為を通して気付いている。 ・手や体全体の感覚などを働かせ材料や用具を使い，表し方などを工夫して，創造的につくったり表したりしている。	形や色などを基に，自分のイメージをもちながら，造形的な面白さや楽しさ，表したいこと，表し方などについて考えるとともに，楽しく発想や構想をしたり，身の回りの作品などから自分の見方や感じ方を広げたりしている。	つくりだす喜びを味わい楽しく表現したり鑑賞したりする学習活動に取り組もうとしている。

（改善等通知　別紙4　P.16）

① 各教科における「内容のまとまり」と「評価の観点」との関係を確認する。

「A表現」

(1) 表現の活動を通して，発想や構想に関する次の事項を身に付けることができるよう指導する。

　ア　造形遊びをする活動を通して，身近な自然物や人工の材料の形や色などを基に造形的な活動を思い付くことや，感覚や気持ちを生かしながら，どのように活動するかについて考えること。

「A表現」

(2) 表現の活動を通して，技能に関する次の事項を身に付けることができるよう指導する。

　ア　造形遊びをする活動を通して，身近で扱いやすい材料や用具に十分に慣れるとともに，並べたり，つないだり，積んだりするなど手や体全体の感覚などを働かせ，活動を工夫してつくること。

〔共通事項〕

(1) 「A表現」及び「B鑑賞」の指導を通して，次の事項を身に付けることができるよう指導する。

　ア　自分の感覚や行為を通して，形や色などに気付くこと。

　イ　形や色などを基に，自分のイメージをもつこと。

＿＿＿（下線）　…知識及び技能のうち「知識」に関する内容	
＝＝＝（二重下線）…知識及び技能のうち「技能」に関する内容	
〜〜〜（波線）　…思考力，判断力，表現力等に関する内容	

②　【観点ごとのポイント】を踏まえ，「内容のまとまりごとの評価規準」を作成する。

（１）「内容のまとまりごとの評価規準」を作成する際の【観点ごとのポイント】

○「知識・技能」のポイント

「知識」について

・「知識」は，〔共通事項〕(1)アから作成する。

・文末は，学習の状況を評価することを踏まえて「～している」とする。

「技能」について

・「技能」は，「Ａ表現」(2)アから作成する。

・文頭の「造形遊びをする活動を通して，」は，「内容のまとまり」を示すものなので削除する。

・文末は，学習の状況を評価することを踏まえて「～している」とする。

○「思考・判断・表現」のポイント

・「思考・判断・表現」は，「Ａ表現」(1)ア，〔共通事項〕(1)イから作成する。〔共通事項〕(1)イに続けて「Ａ表現」(1)アを示し，「自分のイメージをもつ。」を「自分のイメージをもちながら，」とする。

・「Ａ表現」(1)アの文頭の「造形遊びをする活動を通して，」は，「内容のまとまり」を示すものなので削除する。

・「Ａ表現」(1)アの「造形的な活動を思い付くことや，」を「造形的な活動を思い付き，」とする。

・文末は，学習の状況を評価することを踏まえて「～している」とする。

○「主体的に学習に取り組む態度」のポイント

・「主体的に学習に取り組む態度」は，当該学年の「観点の趣旨」を踏まえて作成する。

・「表現したり鑑賞したりする学習活動」を「表現する学習活動」とする。

（２）学習指導要領の「２　内容」 及び 「内容のまとまりごとの評価規準（例）」

	知識及び技能	思考力，判断力，表現力等	学びに向かう力，人間性等
学習指導要領２内容	〔共通事項〕 (1)　「Ａ表現」及び「Ｂ鑑賞」の指導を通して，次の事項を身に付けることができるよう指導する。 　ア　自分の感覚や行為を通して，形や色などに気付くこと。 「Ａ表現」 (2)　表現の活動を通して，技能に関する次の事項を身	「Ａ表現」 (1)　表現の活動を通して，発想や構想に関する次の事項を身に付けることができるよう指導する。 　ア　造形遊びをする活動を通して，身近な自然物や人工の材料の形や色などを基に造形的な活動を思い付くことや，感覚や気持ちを生かしながら，どのように活動す	※内容には，学びに向かう力，人間性等について示されていないことから，該当学年の目標(3)を参考にする。

に付けることができるよう指導する。

ア　造形遊びをする活動を通して，身近で扱いやすい材料や用具に十分に慣れるとともに，並べたり，つないだり，積んだりするなど手や体全体の感覚などを働かせ，活動を工夫してつくること。

るかについて考えること。

〔共通事項〕

(1)　「A表現」及び「B鑑賞」の指導を通して，次の事項を身に付けることができるよう指導する。

イ　形や色などを基に，自分のイメージをもつこと。

	知識・技能	思考・判断・表現	主体的に学習に取り組む態度
内容のまとまりごとの評価規準例	・自分の感覚や行為を通して，形や色などに気付いている。 ・身近で扱いやすい材料や用具に十分に慣れるとともに，並べたり，つないだり，積んだりするなど手や体全体の感覚などを働かせ，活動を工夫してつくっている。	形や色などを基に，自分のイメージをもちながら，身近な自然物や人工の材料の形や色などを基に造形的な活動を思い付き，感覚や気持ちを生かしながら，どのように活動するかについて考えている。	つくりだす喜びを味わい楽しく表現する学習活動に取り組もうとしている。 ※学年別の評価の観点の趣旨のうち「主体的に学習に取り組む態度」に関わる部分を用いて作成する。

＜例２　第３学年及び第４学年の「絵や立体，工作」＞

【小学校学習指導要領 第２章 第７節　図画工作「第１ 目標」】及び【改善等通知 別紙４　図画工作，美術（１）評価の観点及びその趣旨　＜小学校　図画工作＞】

＜例１＞と同様のため省略

【小学校学習指導要領 第２章 第７節　図画工作「第２ 各学年の目標及び内容」
〔第３学年及び第４学年〕　１ 目標】

（１）	（２）	（３）
対象や事象を捉える造形的な視点について自分の感覚や行為を通して分かるとともに，手や体全体を十分に働かせ材料や用具を使い，表し方などを工夫して，創造的につくったり表したりすることができるようにする。	造形的なよさや面白さ，表したいこと，表し方などについて考え，豊かに発想や構想をしたり，身近にある作品などから自分の見方や感じ方を広げたりすることができるようにする。	進んで表現したり鑑賞したりする活動に取り組み，つくりだす喜びを味わうとともに，形や色などに関わり楽しく豊かな生活を創造しようとする態度を養う。

（小学校学習指導要領 P.130）

【改善等通知 別紙４　図画工作・美術（２）学年別の評価の観点の趣旨
＜小学校　図画工作＞第３学年及び第４学年】

知識・技能	思考・判断・表現	主体的に学習に取り組む態度
・対象や事象を捉える造形的な視点について自分の感覚や行為を通して分かっている。 ・手や体全体を十分に働かせ材料や用具を使い，表し方などを工夫して，創造的につくったり表したりしている。	形や色などの感じを基に，自分のイメージをもちながら，造形的なよさや面白さ，表したいこと，表し方などについて考えるとともに，豊かに発想や構想をしたり，身近にある作品などから自分の見方や感じ方を広げたりしている。	つくりだす喜びを味わい進んで表現したり鑑賞したりする学習活動に取り組もうとしている。

（改善等通知　別紙４　P.16）

---

① 各教科における「内容のまとまり」と「評価の観点」との関係を確認する。

「A表現」

(1) 表現の活動を通して，発想や構想に関する次の事項を身に付けることができるよう指導する。

　イ　絵や立体，工作に表す活動を通して，感じたこと，想像したこと，見たことから，表したいことを見付けることや，表したいことや用途などを考え，形や色，材料などを生かしながら，どのように表すかについて考えること。

「A表現」

(2) 表現の活動を通して，技能に関する次の事項を身に付けることができるよう指導する。

　イ　絵や立体，工作に表す活動を通して，材料や用具を適切に扱うとともに，前学年までの材料や用具についての経験を生かし，手や体全体を十分に働かせ，表したいことに合わせて表し方を工夫して表すこと。

〔共通事項〕

(1) 「A表現」及び「B鑑賞」の指導を通して，次の事項を身に付けることができるよう指導する。

　ア　自分の感覚や行為を通して，形や色などの感じが分かること。

　イ　形や色などの感じを基に，自分のイメージをもつこと。

（下線）　…知識及び技能のうち「知識」に関する内容	
（二重下線）…知識及び技能のうち「技能」に関する内容	
（波線）　…思考力，判断力，表現力等に関する内容	

---

②　【観点ごとのポイント】を踏まえ，「内容のまとまりごとの評価規準」を作成する。

（1）「内容のまとまりごとの評価規準」を作成する際の【観点ごとのポイント】

○「知識・技能」のポイント

「知識」について

・「知識」は〔共通事項〕(1)アから作成する。

・文末は，学習の状況を評価することを踏まえて「～している」とする。

「技能」について

・「技能」は，「Ａ表現」(2)イから作成する。

・文頭の「絵や立体，工作に表す活動を通して，」は，「内容のまとまり」を示すものなので削除する。

・文末は，学習の状況を評価することを踏まえて「～している」とする。

○「思考・判断・表現」のポイント

・「思考・判断・表現」は，「Ａ表現」(1)イ，〔共通事項〕(1)イから作成する。〔共通事項〕(1)イに続けて「Ａ表現」(1)イを示し，「自分のイメージをもつ。」を「自分のイメージをもちながら，」とする。

・「Ａ表現」(1)イの文頭の「絵や立体，工作に表す活動を通して，」は，「内容のまとまり」を示すものなので削除する。

・「Ａ表現」(1)イの「表したいことを見付けることや，」を「表したいことを見付け，」とする。

・文末は，学習の状況を評価することを踏まえて「～している」とする。

○「主体的に学習に取り組む態度」のポイント

・「主体的に学習に取り組む態度」は，当該学年の「観点の趣旨」を踏まえて作成する。

・「表現したり鑑賞したりする学習活動」を「表現する学習活動」とする。

（2）学習指導要領の「２　内容」 及び 「内容のまとまりごとの評価規準（例）」

	知識及び技能	思考力，判断力，表現力等	学びに向かう力，人間性等
学習指導要領 2 内容	〔共通事項〕 (1) 「Ａ表現」及び「Ｂ鑑賞」の指導を通して，次の事項を身に付けることができるよう指導する。 　ア　自分の感覚や行為を通して，形や色などの感じが分かること。 「Ａ表現」 (2) 表現の活動を通して，技	「Ａ表現」 (1) 表現の活動を通して，発想や構想に関する次の事項を身に付けることができるよう指導する。 　イ　絵や立体，工作に表す活動を通して，感じたこと，想像したこと，見たことから，表したいことを見付けることや，表したいことや用途などを	※内容には，学びに向かう力，人間性等について示されていないことから，該当学年の目標(3)を参考にする。

能に関する次の事項を身に付けることができるよう指導する。
イ　絵や立体，工作に表す活動を通して，材料や用具を適切に扱うとともに，前学年までの材料や用具についての経験を生かし，手や体全体を十分に働かせ，表したいことに合わせて表し方を工夫して表すこと。

考え，形や色，材料などを生かしながら，どのように表すかについて考えること。

〔共通事項〕
(1)　「A表現」及び「B鑑賞」の指導を通して，次の事項を身に付けることができるよう指導する。
イ　形や色などの感じを基に，自分のイメージをもつこと。

	知識・技能	思考・判断・表現	主体的に学習に取り組む態度
内容のまとまりごとの評価規準例	・自分の感覚や行為を通して，形や色などの感じが分かっている。 ・材料や用具を適切に扱うとともに，前学年までの材料や用具についての経験を生かし，手や体全体を十分に働かせ，表したいことに合わせて表し方を工夫して表している。	形や色などの感じを基に，自分のイメージをもちながら，感じたこと，想像したこと，見たことから，表したいことを見付け，表したいことや用途などを考え，形や色，材料などを生かしながら，どのように表すかについて考えている。	つくりだす喜びを味わい進んで表現する学習活動に取り組もうとしている。 ※学年別の評価の観点の趣旨のうち「主体的に学習に取り組む態度」に関わる部分を用いて作成する。

<＜例3　第5学年及び第6学年の「鑑賞」＞

【小学校学習指導要領 第2章 第7節　図画工作「第1　目標」】及び【改善等通知 別紙4　図画工作，美術（1）評価の観点及びその趣旨　＜小学校　図画工作＞】

＜例1＞と同様のため省略

【小学校学習指導要領 第2章 第7節　図画工作「第2　各学年の目標及び内容」

〔第5学年及び第6学年〕　1　目標〕

（1）	（2）	（3）
対象や事象を捉える造形的な視点について自分の感覚や行為を通して理解するとともに，材料や用具を活用し，表し方などを工夫して，創造的につくったり表したりすることができるようにする。	造形的なよさや美しさ，表したいこと，表し方などについて考え，創造的に発想や構想をしたり，親しみのある作品などから自分の見方や感じ方を深めたりすることができるようにする。	主体的に表現したり鑑賞したりする活動に取り組み，つくりだす喜びを味わうとともに，形や色などに関わり楽しく豊かな生活を創造しようとする態度を養う。

（小学校学習指導要領 P.132）

【改善等通知 別紙4　図画工作・美術（2）学年・分野別の評価の観点の趣旨

＜小学校　図画工作＞第5学年及び第6学年】

知識・技能	思考・判断・表現	主体的に学習に取り組む態度
・対象や事象を捉える造形的な視点について自分の感覚や行為を通して理解している。 ・材料や用具を活用し，表し方などを工夫して，創造的につくったり表したりしている。	形や色などの造形的な特徴を基に，自分のイメージをもちながら，造形的なよさや美しさ，表したいこと，表し方などについて考えるとともに，創造的に発想や構想をしたり，親しみのある作品などから自分の見方や感じ方を深めたりしている。	つくりだす喜びを味わい主体的に表現したり鑑賞したりする学習活動に取り組もうとしている。

（改善等通知　別紙4　P.17）

---

①　各教科における「内容のまとまり」と「評価の観点」との関係を確認する。

「B鑑賞」

(1) 鑑賞の活動を通して，次の事項を身に付けることができるよう指導する。

　ア　親しみのある作品などを鑑賞する活動を通して，自分たちの作品，我が国や諸外国の親しみのある美術作品，生活の中の造形などの造形的なよさや美しさ，表現の意図や特徴，表し方の変化などについて，感じ取ったり考えたりし，自分の見方や感じ方を深めること。

〔共通事項〕

(1) 「A表現」及び「B鑑賞」の指導を通して，次の事項を身に付けることができるよう指導する。

　ア　自分の感覚や行為を通して，形や色などの造形的な特徴を理解すること。

　イ　形や色などの造形的な特徴を基に，自分のイメージをもつこと。

> _____（下線）_____…知識及び技能のうち「知識」に関する内容
> _____（波線）_____…思考力，判断力，表現力等に関する内容

② 【観点ごとのポイント】を踏まえ，「内容のまとまりごとの評価規準」を作成する。

（１）「内容のまとまりごとの評価規準」を作成する際の【観点ごとのポイント】

○ 「知識・技能」のポイント

　・鑑賞する活動については「知識・技能」のうち「知識」を評価する。「知識」は〔共通事項〕(1)アから作成する。

　・文末は，学習の状況を評価することを踏まえて「～している」とする。

○ 「思考・判断・表現」のポイント

　・「思考・判断・表現」は，「B鑑賞」(1)ア，〔共通事項〕(1)イから作成する。〔共通事項〕(1)イに続けて「B鑑賞」(1)アを示し，「自分のイメージをもつ。」を「自分のイメージをもちながら，」とする。

　・B鑑賞(1)アの文頭の「～を鑑賞する活動を通して，」は，「内容のまとまり」を示すものなので削除する。

　・文末は，学習の状況を評価することを踏まえて「～している」とする。

○ 「主体的に学習に取り組む態度」のポイント

　・「主体的に学習に取り組む態度」は，当該学年の「観点の趣旨」を踏まえて作成する。

　・「表現したり鑑賞したりする学習活動」を「鑑賞する学習活動」とする。

（２）学習指導要領の「２　内容」 及び 「内容のまとまりごとの評価規準（例）」

	知識・技能	思考力，判断力，表現力等	学びに向かう力，人間性等
学習指導要領２内容	〔共通事項〕 (1) 「A表現」及び「B鑑賞」の指導を通して，次の事項を身に付けることができるよう指導する。 ア　自分の感覚や行為を通して，形や色などの造形的な特徴を理解すること。	「B鑑賞」 (1) 鑑賞の活動を通して，次の事項を身に付けることができるよう指導する。 ア　親しみのある作品などを鑑賞する活動を通して，自分たちの作品，我が国や諸外国の親しみのある美術作品，生活の中の造形などの造形的なよさや美しさ，表現の意図や特徴，表し方の変化などについて，感じ取ったり考えたりし，自分の見方や感じ方を深めること。	※内容には，学びに向かう力，人間性等について示されていないことから，該当学年の目標(3)を参考にする。

〔共通事項〕
(1) 「Ａ表現」及び「Ｂ鑑賞」の指導を通して，次の事項を身に付けることができるよう指導する。
　イ　形や色などの造形的な特徴を基に，自分のイメージをもつこと。

	知識・技能	思考・判断・表現	主体的に学習に取り組む態度
内容のまとまりごとの評価規準　例	自分の感覚や行為を通して，形や色などの造形的な特徴を理解している。	形や色などの造形的な特徴を基に，自分のイメージをもちながら，自分たちの作品，我が国や諸外国の親しみのある美術作品，生活の中の造形などの造形的なよさや美しさ，表現の意図や特徴，表し方の変化などについて，感じ取ったり考えたりし，自分の見方や感じ方を深めている。	つくりだす喜びを味わい主体的に鑑賞する学習活動に取り組もうとしている。 ※学年別の評価の観点の趣旨のうち「主体的に学習に取り組む態度」に関わる部分を用いて作成する。

第３編

題材ごとの学習評価について

（事例）

第1章 「内容のまとまりごとの評価規準」の考え方を踏まえた評価規準の作成

1 本編事例における学習評価の進め方について

　題材における観点別学習状況の評価を実施するに当たり，まずは年間の指導と評価の計画を確認することが重要である。その上で，学習指導要領の目標や内容，「内容のまとまりごとの評価規準」の考え方等を踏まえ，以下のように進めることが考えられる。なお，複数の題材にわたって評価を行う場合など，以下の方法によらない事例もあることに留意する必要がある。

第3編

評価の進め方	留意点
1 **題材の目標を作成する**	○　学習指導要領の目標や内容，学習指導要領解説等を踏まえて作成する。 ○　児童の実態，前題材までの学習状況等を踏まえて作成する。 ※　題材の目標及び評価規準の関係性（イメージ）については下図参照
2 **題材の評価規準を作成する**	
3 **「指導と評価の計画」を作成する**	○　1，2を踏まえ，評価場面や評価方法等を計画する。 ○　どのような評価資料（児童の反応やノート，ワークシート，作品等）を基に，「おおむね満足できる」状況（B）と評価するかを考えたり，「努力を要する」状況（C）への手立て等を考えたりする。
授業を行う	○　3に沿って観点別学習状況の評価を行い，児童の学習改善や教師の指導改善につなげる。
4 **観点ごとに総括する**	○　集めた評価資料やそれに基づく評価結果などから，観点ごとの総括的評価（A，B，C）を行う。

題材の目標及び評価規準の関係性について（イメージ図）

2　題材の評価規準の作成のポイント

　小学校図画工作科においては，造形遊びをする活動では，「A表現」(1) ア，(2) ア，〔共通事項〕(1) ア，(1) イを，絵や立体，工作に表す活動では，「A表現」(1) イ，(2) イ，〔共通事項〕(1) ア，(1) イを，鑑賞する活動では「B鑑賞」(1) ア，〔共通事項〕(1) ア，(1) イを指導する。

　造形遊びをする活動と，鑑賞する活動を関連付けて指導する場合は，「A表現」(1) ア，(2) ア，「B鑑賞」(1) ア，〔共通事項〕(1) ア，(1) イを指導し，絵や立体，工作に表す活動と，鑑賞する活動を関連付けて指導する場合は，「A表現」(1) イ，(2) イ，「B鑑賞」(1) ア，〔共通事項〕(1) ア，(1) イを指導する。

　図画工作科では，これらの内容を題材として児童に提示し，資質・能力の育成を目指すことになる。そのためには，43ページの学習評価の進め方で示しているように，まず題材の目標を設定し，次に題材の評価規準を作成することが大切である。そこで，まず題材の目標の設定について例を基に説明し，次に題材の評価規準の作成のポイントを示す。

（1）図画工作科における題材の目標の設定

　図画工作科では，学年の目標を学校や児童の実態などに応じ，弾力的な指導を重視する観点から，第1学年及び第2学年（低学年），第3学年及び第4学年（中学年），第5学年及び第6学年（高学年）の2学年ごとにまとめて示している。各学年においては，2学年間を見通し，学年間の関連を図るとともに，その1年間に必要な経験などを配慮しながら，それぞれの学年にふさわしい内容を選択して指導計画を作成し，目標の実現を目指すことになる。

　このことを前提にして，学習指導要領の目標や内容，学習指導要領解説，児童の実態，前題材までの学習状況等を踏まえて，題材の目標を作成し設定する。

　なお，次に示す題材の目標の作成の手順は例として示すものである。

題材の目標の作成手順

1　その題材で指導する事項を学習指導要領等で確認する。

　学習指導要領の「学年の目標」「内容」や学習指導要領解説等を基に，その題材で指導することを確認する。「知識及び技能」「思考力，判断力，表現力等」は「内容」を参考にし，「学びに向かう力，人間性等」は，学年の目標(3)を参考にする。

例：低学年の造形遊びする活動と鑑賞する活動

（1）知識及び技能

・自分の感覚や行為を通して，形や色などに気付くこと。（〔共通事項〕(1)ア）

・造形遊びをする活動を通して，身近で扱いやすい材料や用具に十分に慣れるとともに，並べたり，つないだり，積んだりするなど手や体全体の感覚などを働かせ，活動を工夫してつくること。（A表現(2)ア）

（2）思考力，判断力，表現力等

・造形遊びをする活動を通して，身近な自然物や人工の材料の形や色などを基に造形的な活動を思い付くことや，感覚や気持ちを生かしながら，どのように活動するかについて考えること。（A表現(1)ア）

・身の回りの作品などを鑑賞する活動を通して，自分たちの作品や身近な材料などの造形的な面白さや楽しさ，表

したいこと，表し方などについて，感じ取ったり考えたりし，自分の見方や感じ方を広げること。（B鑑賞(1)ア）

・形や色などを基に，自分のイメージをもつこと。（〔共通事項〕(1)イ）

（3）学びに向かう力，人間性等

・楽しく表現したり鑑賞したりする活動に取り組み，つくりだす喜びを味わうとともに，形や色などに関わり楽しい生活を創造しようとする態度を養う。（学年の目標(3)）

2 題材に即してどのような内容が当てはまるか考える。それを踏まえ，書き換えたり削除したりする。

（学習指導要領で示している「学年の目標」や「内容」は，2年間を通して実現することを目指すものであることから，その題材では指導しない内容が含まれていることも考えられるため。）

それぞれの指導事項の「造形遊びをする活動を通して」「絵や立体，工作に表す活動を通して」「身の回りの作品などを鑑賞する活動を通して」などは，「内容のまとまり」を示すものなので削除する。文末の「こと」も削除する。その上で，「知識及び技能」「思考力，判断力，表現力等」は「内容」を，「学びに向かう力，人間性等」は学年の目標（3）を参考にし，題材に即してその内容を書き換えたり削除したりする。

題材の目標の作成「知識及び技能」

「知識」

○ 全ての題材において，低学年の「形や色など」，中学年の「形や色などの感じ」，高学年の「形や色などの造形的な特徴」については，指導計画の作成と内容の取扱い2(3)「〔共通事項〕のアの指導」を参考にして，題材に即して具体的に示すことが考えられる。

> 内容の取扱い2(3)
>
> 〔共通事項〕のアの指導に当たっては，次の事項に配慮し，必要に応じて，その後の学年で繰り返し取り上げること。
>
> ア 第1学年及び第2学年においては，いろいろな形や色，触った感じなどを捉えること。
>
> イ 第3学年及び第4学年においては，形の感じ，色の感じ，それらの組合せによる感じ，色の明るさなどを捉えること。
>
> ウ 第5学年及び第6学年においては，動き，奥行き，バランス，色の鮮やかさなどを捉えること。

例

・自分の感覚や行為を通して，いろいろな形や色，触った感じなどに気付く。（低学年）

・自分の感覚や行為を通して，形の感じ，色の感じ，それらの組合せによる感じが分かる。（中学年）

・自分の感覚や行為を通して，奥行きや動きを理解する。（高学年）

○ 全ての題材において，「自分の感覚や行為を通して」については，題材に即して具体的に示すことが考えられる。

例

・友人の作品を見るときの感覚や行為を通して，形の感じ，色の感じ，それらの組合せによる感じが分かる。（中学年　「鑑賞」）

・見たことから表したいことを見付けたり，表したいことに合わせて表し方を工夫して表したりするときの感覚や行為を通して，奥行きや動きを理解する。（高学年　「絵や立体，工作」）

「技能」

○　全ての題材において，全学年の「材料や用具」，中学年，高学年の「前学年までの材料や用具」については，指導計画の作成と内容の取扱い２(6)「材料や用具」を参考にして，題材に即して具体的に示す。

内容の取扱い２(6)

材料や用具については，次のとおり取り扱うこととし，必要に応じて，当該学年より前の学年において初歩的な形で取り上げたり，その後の学年で繰り返し取り上げたりすること。

ア　第１学年及び第２学年においては，土，粘土，木，紙，クレヨン，パス，はさみ，のり，簡単な小刀類など身近で扱いやすいものを用いること。

イ　第３学年及び第４学年においては，木切れ，板材，釘（くぎ），水彩絵の具，小刀，使いやすいのこぎり，金づちなどを用いること。

ウ　第５学年及び第６学年においては，針金，糸のこぎりなどを用いること。

例

・土や砂に十分に慣れるとともに，並べたり，つないだり，積んだりするなど手や体全体の感覚などを働かせ，活動を工夫してつくる。（低学年　「造形遊び」）

・水彩絵の具を適切に扱うとともに，クレヨンについての経験を生かし，手や体全体を十分に働かせ，表したいことに合わせて表し方を工夫して表す。（中学年　「絵や立体，工作」）

・活動に応じて材料や用具を活用するとともに，前学年までの板材についての経験や技能を総合的に生かしたり，方法などを組み合わせたりするなどして，活動を工夫してつくる。（高学年　「造形遊び」）

題材の目標の作成「思考力，判断力，表現力等」

○　造形遊びをする活動における，低学年の「身近な自然物や人工の材料の形や色など」，中学年の「身近な材料や場所など」，高学年の「材料や場所，空間などの特徴」については，指導計画の作成と内容の取扱い２(6)「材料や用具」などを参考にして，題材に即して具体的に示す。

内容の取扱い２(6)

材料や用具については，次のとおり取り扱うこととし，必要に応じて，当該学年より前の学年において初歩的な形で取り上げたり，その後の学年で繰り返し取り上げたりすること。

ア　第１学年及び第２学年においては，土，粘土，木，紙，クレヨン，パス，はさみ，のり，簡単な小刀類など身近で扱いやすいものを用いること。

イ　第３学年及び第４学年においては，木切れ，板材，釘（くぎ），水彩絵の具，小刀，使いやすいのこぎり，金づちなどを用いること。

ウ　第５学年及び第６学年においては，針金，糸のこぎりなどを用いること。

例

- 紙の形や色などを基に造形的な活動を思い付き，感覚や気持ちを生かしながら，どのように活動するかについて考える。（低学年　「造形遊び」）

- 木切れや図工室などの場所を基に造形的な活動を思い付き，新しい形や色などを思い付きながら，どのように活動するかについて考える。（中学年　「造形遊び」）

- 透明シートや校舎内の空間などの特徴を基に造形的な活動を思い付き，構成したり周囲の様子を考え合わせたりしながら，どのように活動するかについて考える。（高学年　「造形遊び」）

○ 絵や立体，工作に表す活動における，低学年の「感じたこと，想像したこと」，中学年の「感じたこと，想像したこと，見たこと」，高学年の「感じたこと，想像したこと，見たこと，伝え合いたいこと」については，題材に即して選択し，さらに具体的に示す。

例

- 材料に触れながら感じたこと，想像したことから，表したいことを見付け，好きな形や色を選んだり，いろいろな形や色を考えたりしながら，どのように表すかについて考える。（低学年　「絵や立体，工作」）

- 生き物を見たことから，表したいことを見付け，形や色，材料などを生かしながら，どのように表すかについて考える。（中学年　「絵や立体，工作」）

- 自分の思い出の場所など伝え合いたいことから，表したいことを見付け，形や色，材料の特徴，構成の美しさなどの感じ，用途などを考えながら，どのように主題を表すかについて考える。（高学年　「絵や立体，工作」）

○ 鑑賞する活動における，低学年の「自分たちの作品や身近な材料など」，中学年の「自分たちの作品や身近な美術作品，製作の過程など」，高学年の「自分たちの作品，我が国や諸外国の親しみのある美術作品，生活の中の造形など」は，題材に即して選択する。さらに具体的に示すことも考えられる。

例

- 自分たちの作品の造形的な面白さや楽しさ，表したいこと，表し方などについて，感じ取ったり考えたりし，自分の見方や感じ方を広げる。（低学年　「鑑賞」）

- 身近な美術作品の造形的なよさや面白さ，表したいこと，いろいろな表し方などについて，感じ取ったり考えたりし，自分の見方や感じ方を広げる。（中学年　「鑑賞」）

- 生活の中の造形の造形的なよさや美しさ，表現の意図や特徴，表し方の変化などについて，感じ取ったり考えたりし，自分の見方や感じ方を深める。（高学年　「鑑賞」）

○　全ての題材において，低学年の「形や色など」，中学年の「形や色などの感じ」，高学年の「形や色などの造形的な特徴」については，指導計画の作成と内容の取扱い２(3)「〔共通事項〕のアの指導」を参考にして，題材に即して具体的に示すことが考えられる。

内容の取扱い２(3)

〔共通事項〕のアの指導に当たっては，次の事項に配慮し，必要に応じて，その後の学年で繰り返し取り上げること。

　ア　第１学年及び第２学年においては，いろいろな形や色，触った感じなどを捉えること。

　イ　第３学年及び第４学年においては，形の感じ，色の感じ，それらの組合せによる感じ，色の明るさなどを捉えること。

　ウ　第５学年及び第６学年においては，動き，奥行き，バランス，色の鮮やかさなどを捉えること。

例

・いろいろな形や色，触った感じを基に，自分のイメージをもつ。（低学年）

・形の感じ，色の感じ，それらの組合せによる感じを基に，自分のイメージをもつ。（中学年）

・動きやバランスなどの造形的な特徴を基に，自分のイメージをもつ。（高学年）

題材の目標の作成「学びに向かう力，人間性等」

○　題材に即して「表現する活動」や「鑑賞する活動」を具体的に示す。

例

・楽しく新聞紙で造形遊びをする活動に取り組み，つくりだす喜びを味わうとともに，形や色などに関わり楽しい生活を創造しようとする態度を養う。（低学年　「造形遊び」）

・進んで水彩絵の具で絵に表す活動に取り組み，つくりだす喜びを味わうとともに，形や色などに関わり楽しく豊かな生活を創造しようとする態度を養う。（中学年　「絵や立体，工作」）

・主体的に我が国の親しみのある美術作品を鑑賞する活動に取り組み，つくりだす喜びを味わうとともに，形や色などに関わり楽しく豊かな生活を創造しようとする態度を養う。（高学年　「鑑賞」）

　なお，題材の目標の示し方は，(1) 知識及び技能 (2) 思考力，判断力，表現力等 (3) 学びに向かう力，人間性などに分けて示す，全体を一文にするなど多様な示し方が考えられる。

（2）題材の評価規準の作成のポイント

　題材の評価規準の作成は，「内容のまとまりごとの評価規準」から作成する方法と，「内容のまとまりごとの評価規準」を踏まえ，題材の目標から作成する方法が考えられる。なお，題材の目標を，(1)知識及び技能 (2) 思考力，判断力，表現力等 (3) 学びに向かう力，人間性等などに分けず，全体を一文にした場合などは，省略する箇所が生じることが考えられるため，「内容のまとまりごとの評価規準」から作成することが望ましい。

2　「内容のまとまりごとの評価規準」から作成する方法
　第2編で示している「内容のまとまりごとの評価規準」を基に，次の手順で作成する。

（1）知識・技能
「知識」
○　全ての題材において，低学年の「形や色など」，中学年の「形や色などの感じ」，高学年の「形や色などの造形的な特徴」については，指導計画の作成と内容の取扱い2(3)「〔共通事項〕のアの指導」を参考にして，題材に即して具体的に示すことも考えられる。
○　全ての題材において，「自分の感覚や行為を通して」については，題材に即して具体的に示すことが考えられる。

「技能」
○　全ての題材において，全学年の「材料や用具」，中学年，高学年の「前学年までの材料や用具」については，指導計画の作成と内容の取扱い2(6)「材料や用具」を参考にして，題材に即して具体的に示す。

（2）思考・判断・表現
○　造形遊びをする活動における，低学年の「身近な自然物や人工の材料の形や色など」，中学年の「身近な材料や場所など」，高学年の「材料や場所，空間などの特徴」については，指導計画の作成と内容の取扱い2(6)「材料や用具」などを参考にして，題材に即して具体的に示す。
○　絵や立体，工作に表す活動における，低学年の「感じたこと，想像したこと」，中学年の「感じたこと，想像したこと，見たこと」，高学年の「感じたこと，想像したこと，見たこと，伝え合いたいこと」については，題材に即して選択する。さらに具体的に示す。
○　鑑賞する活動における，低学年の「自分たちの作品や身近な材料など」，中学年の「自分たちの作品や身近な美術作品，製作の過程など」，高学年の「自分たちの作品，我が国や諸外国の親しみのある美術作品，生活の中の造形など」は，題材に即して選択する。さらに具体的に示すことも考えられる。
○　全ての題材において，低学年の「形や色など」，中学年の「形や色などの感じ」，高学年の「形や色などの造形的な特徴」については，指導計画の作成と内容の取扱い2(3)「〔共通事項〕のアの指導」を参考にして，題材に即して具体的に示すことも考えられる。

（3）主体的に学習に取り組む態度
○　題材に即して「表現する学習活動」や「鑑賞する学習活動」を具体的に示す。

---

1 「内容のまとまりごとの評価規準」を踏まえ，題材の目標から作成する方法

（1）知識・技能

○ 文末は，学習の状況を評価することを踏まえて「～している」とする。

（2）思考・判断・表現

○ 「思考・判断・表現」は，〔共通事項〕(1)イに続けて「A表現」(1)アまたは〔共通事項〕(1)イに続けて「B鑑賞」(1)アを示し，「自分のイメージをもつ」を「自分のイメージをもちながら，」とする。ただし，「～しながら，～しながら」と続く文章になる場合，自分のイメージをもちながら発想や構想をしたり，鑑賞したりするということを踏まえつつ，「自分のイメージをもち，」とすることも考えられる。

○ 文末は，学習の状況を評価することを踏まえて「～している」とする。

（3）主体的に学習に取り組む態度

○ 「主体的に学習に取り組む態度」は，「学びに向かう力，人間性等」から，観点別学習状況の評価をするものだけを示す。具体的には，低学年の「形や色などと関わり楽しい生活を創造しようとする態度を養う」，中学年，高学年の「形や色などと関わり楽しく豊かな生活を創造しようとする態度を養う」は，個人内評価とするため削除する。「活動」を「学習活動」とする。文末は，学習の状況を評価することや児童の意志的な側面も評価することから「～しようとしている」とする。

<＜第1学年及び第2学年の「造形遊び」の設定例＞

題材の評価規準

知識・技能	思考・判断・表現	主体的に学習に取り組む態度
・自分の感覚や行為を通して，形や色などに気付いている。 ・紙に十分に慣れるとともに，並べたり，つないだり，積んだりするなど手や体全体の感覚などを働かせ，活動を工夫してつくっている。	形や色などを基に，自分のイメージをもちながら，紙の形や色などを基に造形的な活動を思い付き，感覚や気持ちを生かしながら，どのように活動するかについて考えている。	つくりだす喜びを味わい楽しく紙で造形遊びをする学習活動に取り組もうとしている。

＜第3学年及び第4学年の「絵や立体，工作」の設定例＞

題材の評価規準

知識・技能	思考・判断・表現	主体的に学習に取り組む態度
・自分の感覚や行為を通して，形や色など感じが分かっている。 ・木片やのこぎり，接着剤を適切に扱うとともに，前学年までの木についての経験を生かし，手や体全体を十分に働かせ，表したいことに合わせて表し方を工夫して表している。	形や色などの感じを基に，自分のイメージをもちながら，木片を切ったり組み合わせたりして想像したことから，表したいことを見付け，形や色，材料などを生かしながら，どのように表すかについて考えている。	つくりだす喜びを味わい進んで木を切ったり組み合わせたりして立体に表す学習活動に取り組もうとしている。

＜第5学年及び第6学年の「鑑賞」の設定例＞

題材の評価規準

知識・技能	思考・判断・表現	主体的に学習に取り組む態度
自分の感覚や行為を通して，形や色などの造形的な特徴を理解している。	形や色などの造形的な特徴を基に，自分のイメージをもちながら，我が国の親しみのある美術作品などの造形的なよさや美しさ，表現の意図や特徴などについて，感じ取ったり考えたりし，自分の見方や感じ方を深めている。	つくりだす喜びを味わい主体的に我が国の親しみのある美術作品を鑑賞する学習活動に取り組もうとしている。

第2章　学習評価に関する事例について

1　事例の特徴

　第1編第1章2（4）で述べた学習評価の改善の基本的な方向性を踏まえつつ，平成29年改訂学習指導要領の趣旨・内容の徹底に資する評価の事例を示すことができるよう，本参考資料における事例は，原則として以下のような方針を踏まえたものとしている。

○　題材に応じた評価規準の設定から評価の総括までとともに，児童の学習改善及び教師の指導改善までの一連の流れを示している

　　本参考資料で提示する事例は，いずれも，題材の評価規準の設定から評価の総括までとともに，評価結果を児童の学習改善や教師の指導改善に生かすまでの一連の学習評価の流れを念頭においたものである（事例の一つは，この一連の流れを特に詳細に示している）。なお，観点別の学習状況の評価については，「おおむね満足できる」状況，「十分満足できる」状況，「努力を要する」状況と判断した児童の具体的な状況の例などを示している。「十分満足できる」状況という評価になるのは，児童が実現している学習の状況が質的な高まりや深まりをもっていると判断されるときである。

○　観点別の学習状況について評価する時期や場面の精選について示している

　　報告や改善等通知では，学習評価については，日々の授業の中で児童の学習状況を適宜把握して指導の改善に生かすことに重点を置くことが重要であり，観点別の学習状況についての評価は，毎回の授業ではなく原則として単元や題材など内容や時間のまとまりごとに，それぞれの実現状況を把握できる段階で行うなど，その場面を精選することが重要であることが示された。このため，観点別の学習状況について評価する時期や場面の精選について，「指導と評価の計画」の中で，具体的に示している。

○　評価方法の工夫を示している

　　児童の反応やノート，ワークシート，作品等の評価資料をどのように活用したかなど，評価方法の多様な工夫について示している。

2　各事例概要一覧と事例

事例1　キーワード　指導と評価の計画から評価の総括まで
「のこぎりザクザク生まれる形」（第3学年）

　本事例は，第3学年において，木を切ったり組み合わせたりして立体に表す活動や鑑賞する活動を通して資質・能力の育成を目指す題材の事例である。

　まず，指導と評価の計画について述べた上で，三つの観点を踏まえた指導と評価の実際を紹介している。特に，児童の活動の様子や作品などを具体的に取り上げながら，指導と評価の計画の立て方，評価の回数や場面，学習の状況などについて解説し，題材における評価の総括について紹介している。

事例2　キーワード　「思考・判断・表現」の評価
「ひらいたはこから」（第2学年）

　本事例は，第2学年において，開いた箱を見て想像したことを絵に表す活動を通して資質・能力の育成を目指す題材の事例である。

　まず，指導と評価の計画について述べた上で，三つの観点を踏まえた指導と評価の実際を紹介している。特に，活動の過程での観察や対話，作品からの「思考・判断・表現」の評価について紹介し，さらに「知識」の評価についても紹介している。

事例3　キーワード　「主体的に学習に取り組む態度」の評価
「花に心をこめて」（第4学年）

　本事例は，第4学年において，染めた和紙で花を表現したり鑑賞したりする活動を通して資質・能力の育成を目指す題材の事例である。

　まず，指導と評価の計画について述べた上で，三つの観点を踏まえた指導と評価の実際を紹介している。特に「知識・技能」や「思考・判断・表現」と関わらせながら行った「主体的に学習に取り組む態度」の評価について紹介している。

事例4　キーワード　造形遊びをする活動の評価，「思考・判断・表現」の評価，評価方法の工夫
「中庭再発見プロジェクト」（第6学年）

　本事例は，第6学年において，自然物や材料の特徴を基に造形遊びをする活動や鑑賞する活動を通して資質・能力の育成を目指す題材の事例である。

　まず，指導と評価の計画について述べた上で，「思考・判断・表現」の評価を例として，①フィールドマップや座席表の活用，②デジタルカメラ・ビデオカメラ・タブレットの活用，③ワークシートの活用，④ポートフォリオの活用になどの評価方法等の工夫とともに紹介している。

図画工作科　　事例1

キーワード　指導と評価の計画から評価の総括まで

題材名	内容のまとまり
のこぎりザクザク生まれる形（第3学年）	第3学年及び第4学年 「絵や立体，工作」，「鑑賞」

1　題材の目標

(1)　・自分の感覚や行為を通して，形や色などの組合せによる感じが分かる。

　　　・木やのこぎりを適切に扱うとともに，前学年までの木や接着剤などについての経験を生かし，手や体全体を十分に働かせ，表したいことに合わせて表し方を工夫して表す。

(2)　・木を切ったり組み合わせたりして感じたことや想像したことから，表したいことを見付け，形や色などを生かしながら，どのように表すかについて考える。

　　　・自分たちの作品の造形的なよさや面白さ，表したいこと，いろいろな表し方などについて，感じ取ったり考えたりし，自分の見方や感じ方を広げる。

　　　・形や色などの組合せによる感じを基に，自分のイメージをもつ。

(3)　・進んで木を切ったり組み合わせたりして立体に表したり鑑賞したりする活動に取り組み，つくりだす喜びを味わうとともに，形や色などに関わり楽しく豊かな生活を創造しようとする。

2　題材の評価規準

知識・技能	思考・判断・表現	主体的に学習に取り組む態度
・自分の感覚や行為を通して，形や色などの組合せによる感じが分かっている。 ・木やのこぎりを適切に扱うとともに，前学年までの木や接着剤などについての経験を生かし，手や体全体を十分に働かせ，表したいことに合わせて表し方を工夫して表している。	・形や色などの組合せによる感じを基に，自分のイメージをもちながら，木を切ったり組み合わせたりして感じたことや想像したことから，表したいことを見付け，形や色などを生かしながら，どのように表すかについて考えている。 ・形や色などの組合せによる感じを基に，自分のイメージをもちながら，自分たちの作品の造形的なよさや面白さ，表したいこと，いろいろな表し方などについて，感じ取ったり考えたりし，自分の見方や感じ方を広げている。	つくりだす喜びを味わい進んで木を切ったり組み合わせたりして立体に表したり鑑賞したりする学習活動に取り組もうとしている。

3 材料・用具

木（小割―長さ約50センチ），万力，クランプ，のこぎり，木工用接着剤，紙やすりなど

4 指導と評価の計画（6時間）

観点別学習状況を記録に残す場面などを精選するためには，題材のまとまりの中で適切に評価を実施できるよう，指導と評価の計画を立てる段階から，計画的に評価の時期や評価方法等を考えておくことが必要であり，以下のとおり参考となるような指導と評価の計画を作成した。

なお，日々の授業の中で児童の学習状況を適宜把握して指導の改善に生かすことは重要であるため，児童の学習状況を記録に残す場面以外においても，教師が児童の学習状況を確認する必要がある。

時間	ねらい・学習活動	知 知識	技 技能	思 発想や構想	思 鑑賞	態	備考
				評価の観点，評価方法等			
1 2	・のこぎりの扱い方を知り，木をいろいろな長さや形に切る。 ・のこぎりを適切に扱う。		○				1，2時間目は記録に残す評価はしないが，「技能」の視点で児童の学習状況を把握し，指導に生かす。それを踏まえて5時間目に「技能」の視点で児童の活動の姿などを捉え，記録に残す。
3 4	・切った木（木片）を並べたり組み合わせたりしながら，表したいことを見付け，どのように表すかについて考える。			○ ◎ 観察 対話 作品			3時間目は記録に残す評価はしないが，「思考・判断・表現（発想や構想）」の視点で児童の学習状況を把握し，指導に生かす。それを踏まえて4時間目に「思考・判断・表現（発想や構想）」の視点で児童の活動の姿などを捉え，記録に残す。
5	・さらに木を切って組み合わせるなどしながら，表したいことに合わせて表し方を工夫して表す。	◎ 観察 対話 作品	◎ 観察 対話 作品				5時間目は「知識」，「技能」の視点で児童の学習状況を把握し，記録に残す。
6	・自分たちの作品を見て，感じ取ったり考えたりしたことを友人と話し合いながら，自分の見方や感じ方を広げる。				◎ 観察 対話 作品カード	◎ 観察 対話 作品 作品カード	6時間目は「思考・判断・表現（鑑賞）」の視点で児童の学習状況を把握し，記録に残す。また，「主体的に学習に取り組む態度」は，活動全体を通して把握し，最後に記録に残す。

○…題材の評価規準に照らして，適宜，児童の学習状況を把握し指導に生かす。

◎…題材の評価規準に照らして，全員の学習状況を把握し記録に残す。

5　指導と評価の実際（6時間）

<table>
<tr><td rowspan="2">時間</td><td rowspan="2">ねらい・学習活動</td><td colspan="2">評価</td></tr>
<tr><td>評価の観点
評価方法等</td><td>評価の実際</td></tr>
<tr><td>1

2</td><td>・のこぎりの扱い方を知り，木をいろいろな長さや形に切る。
・のこぎりを適切に扱う。</td><td>技　○</td><td>・「技能」の視点で，木を切る様子を観察するなどして児童の学習状況を把握し，指導に生かした。

のこぎりで木を切る感覚をつかみ，体全体を働かせてリズムよく切っている。長い木を端から切るだけでなく，真ん中から切る，切り口を斜めにするなどして木の形が多様になっている。</td></tr>
<tr><td rowspan="2">3

4</td><td rowspan="2">・切った木（木片）を並べたり組み合わせたりしながら，表したいことを見付ける。
・木を切って新しい木片を組み合わせるなどしながら，どのように表すかについて考える。</td><td>思　○
（発想や構想）</td><td>・「思考・判断・表現（発想や構想）」の視点で，木を組み合わせながら表したいことを考えている様子を，観察する，つぶやきを捉えるなどして児童の学習状況を把握し，指導に生かした。

切った木を積み上げてみて，次はどこに置こうかと考えている。</td></tr>
<tr><td>思　◎
（発想や構想）
観察
対話</td><td>・「思考・判断・表現（発想や構想）」の視点で，表したいことを見付けている様子を，観察する，問いかけるなどして児童の学習状況を把握し，記録に残した。おおむね満足できる状況に至らない児童には，木片を使っていろいろな組合せ方を試したり木片をいろいろな方向から見たりするよう促すなど，個別に指導をした。現時点の作品の写真を撮っておき次時の指導に生かすようにした。

木片と木片を組み合わせたり，向きを変えたり，木片を入れ替えたりしながら，どのような形ができるかを考えている。</td></tr>
</table>

第3編
事例1

木片の組合せ方を考えて少しずつずらしてつなげ，上っていける階段のようにしている。

| 5 | ・さらに切ったり並べたり組み合わせたりして，表したいことに合わせて表し方を工夫して表す。 | 知 ◎
観察
対話
作品

技 ◎
観察
対話
作品 | ・「知識」と「技能」の視点で，形や色などの感じに着目し，工夫して表している様子を，観察する，問いかける，作品を見るなどして児童の学習状況を把握し，記録に残した。1，2時間目に材料や用具の扱いに課題のあった児童がこの段階で技能を働かせて表したいものを工夫して表していたら「おおむね満足できる」状況として捉えた。 |

木片を重ねたり比べたりしながら組み合わせてできる形の感じに着目している。

表したい感じになるように長細い木片の付け方や木片の組合せ方を工夫して表している。

のこぎりの刃を斜めにして木を薄く切り，それを組み合わせてプロペラの薄い羽を表している。

・作品カードに自分の作品のよさや面白さ，表し方の工夫などについて書く。

・自分たちの作品を鑑賞し，友人と感じ取ったり考えたりしたことを話し合い，自分の見方や感じ方を広げる。	思 ◎ （鑑賞） 観察 対話 作品カード 態 ◎ 観察 対話 作品 作品カード	・「思考・判断・表現（鑑賞）」の視点で，作品を鑑賞している様子を，観察する，問いかける，作品カードを見るなどして児童の学習状況を把握し，記録に残した。

自分や友人の作品を見て，よさや面白さ，表し方の工夫などについて感じ取り，話し合っている。

友人の作品を見て，鳥の羽の形を動作化することで，造形的なよさや面白さ，表したいことなどを感じ取っている。

・学習活動全体を通して把握してきた「主体的に学習に取り組む態度」の学習評価を踏まえて，記録に残した。

作品，作品カード

『大かいだんのひみつきち』大かいだんをぐねぐねにして二かいに行ったりてんぼう台に行ったりできるようにしました。木をおもしろい形になるように切りました。

階段をつくろうと木片の向きや大きさを考えていた。階段全体が緩やかな螺旋状になるように木片の組合せを工夫して接着していた。一番上の段は横に向いていて，一歩を踏みだすと展望台に着くようになっていると話していた。

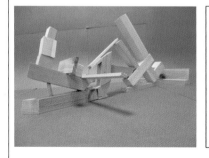

『そらとぶ りゅう』 口の中にうすい板を入れました。組み合わせる木の形も工夫しました。いろいろな形の三角や四角の木を使ってつくりました。

（左欄に）6

のこぎりの扱いに慣れるにつれて楽しくなり，どんどん木を切っていった。薄く切ったり，斜めに切ったりした木片の形を生かして，竜が首を曲げながら口を開けている様子を表すことを思い付いている。木片の形を生かして組み合わせ，工夫して表していた。

『メカとり』　立つところを工夫しました。見てほしいところは羽です。羽の形を三角にして広がっているようにしました。

第3編
事例1

三角や四角に切った木片のいろいろな組合せ方を試して，表したいことを考えていた。三角の木片の切り口の尖った感じからピンと広がった羽のイメージをもち，鳥を表すことを思い付いた。二本足で立つことにもこだわり，木片を付ける位置を工夫して表していた。

6　観点別学習状況の評価の進め方

　観点別学習状況の評価を行うに当たっては，まず，題材の目標に基づき，第2編の「各教科における『内容のまとまりごとの評価規準』を作成する際の手順」や，第3編の「題材の評価規準の作成のポイント」を参考にしながら，「題材の評価規準」を設定する必要がある。その際，題材の内容，題材の時間数，年間指導計画との関連などを踏まえ，重点を置く観点があるかどうか，ある場合どの観点に重点を置くかなどを考えながら評価規準を設定し，その上で，表現と鑑賞の評価の観点の関連などについて考えることが重要である。

　本事例では，まず，児童は思い思いに木をのこぎりで切るなどの「技能」を働かせる。そして，切った木（木片）を並べたり組み合わせたりしながら，自分の表したいことを見付け，どのように表すか考えるなどの「思考力，判断力，表現力等（発想や構想）」を働かせる。そしてまた，表し方を工夫して表すなどの「技能」を働かせる。このように「技能」を働かせる場面が多くあり，「技能」の育成が重要な学習活動であることを踏まえて，本題材では「技能」に重点をおいた評価を行うことにした。また，6時間の題材で終末段階に鑑賞の場面を設定していることから，鑑賞の活動における「思考力，判断力，表現力等」についても評価することにした。「知識」については，主に技能を働かせる場面で評価することにした。そして，これらの学習に主体的に取り組んでいるかどうか全体を通して評価することにした。以上のことを基に題材の評価規準を設定し，評価時期や評価方法に配慮しながら「指導と評価の計画」を作成した。

（1）「知識・技能」

　「知識」については，木をのこぎりで切ったり，それらに触れて組み合せたりする行為やそのときに得られる感覚を通して，形や色などの組合せによる感じなどが分かり，表すことにつなげている姿を「おおむね満足できる」状況として，主に観察や児童との対話から把握した。観察では，「作品を

多方向から見て形の組合せによる全体の感じを捉えている」「木片を触りながら表したい形の感じになるように別の木片と組み合わせて接着している」など，木を切ったり木片を組み合わせたりしている一つ一つの行為を通して，形や色などの感じなどに着目している様子を捉え，造形的な視点として分かっているかどうかを把握した。また観察に加えて児童と対話することで，より一人一人の児童の学習の状況を把握することができた。

「技能」は，本題材において重点をおく評価の観点である。木や木片，のこぎりなどの材料や用具を適切に扱い，前年度までの木や接着剤についての経験を生かし，手や体全体を十分に働かせて木を切ったり，木片を並べたりしながら，表し方を工夫して表している姿を「おおむね満足できる」状況として，主に観察と作品から把握した。観察では，「のこぎりを正しく持ち，安全に扱って木を切っている」「木をいろいろな長さや形に切ったり，表したいことに合わせて木片を選んだりしている」「表したいことに合わせて，工夫して木片を接着剤で付けている」など，材料や用具を扱う児童の具体的な様子を捉えるようにした。作品は，全体の印象だけでなく部分にも着目し，材料や用具をどのように扱っているかを具体的に捉えた。例えば「木片と木片を多方向から組み合わせている」「自分の表したいことに合わせて材料を選択したり木を様々な形や大きさに切ったりしている」「木片の大きさや形を生かして新しい形をつくっている」「接着面に応じて木工用接着剤の量を調整している」などである。

（2）「思考・判断・表現」

「思考・判断・表現（発想や構想）」については，木を切ったり組み合わせたりしながら，感じたり想像したりして表したいことを見付けている姿を「おおむね満足できる」状況として，主に観察や対話，作品から把握した。一人一人の表現が目の前で展開される図画工作科では，観察は最も重要な評価方法である。児童が「何を感じているのか」「何を考えているのか」などは，児童の動きや視線，会話などを捉えることで，おおむね理解することができる。例えば，木片の向きを変えながら組み合わせていたら，それは，どのように表すかについて考えている様子であるなどと考えることができる。つくりつつある作品を何度も見直し，どこに木片をつなげるかを考えたり，いろいろな角度から作品を見つめて新しい形を見付けていたりしている姿が見られることもある。本事例では，「木片を複数組み合わせている」「自分の表したい形になるように木片を並べたり組み合わせたりしている」「木片の色の違いを生かして，どのように表すか考えている」など，木片の使い方に着目しながら，それぞれの児童の「思考・判断・表現（発想や構想）」における学習状況を観察や作品から把握した。

なお，題材の後半の段階では，「初めに見付けた形から，さらに発展させて新しい形を見付けている」「自分の表したい形になるようどのように表すか考えている」など，活動の過程で発想や構想をしている姿を捉えることにした。その際，初めの段階に活動の様子や作品をデジタルカメラで撮影しておき，後半の活動の様子や作品と比べることで，一人一人の「思考力，判断力，表現力等（発想や構想）」の変容を把握することができた。

「思考・判断・表現（鑑賞）」については，木片の形や色の組合せによる感じなどを基に，自分のイメージをもちながら，自分たちの作品の造形的なよさや面白さ，表したいこと，いろいろな表し方などについて，感じ取ったり考えたりし，自分の見方や感じ方を広げている姿を「おおむね満足できる」状況として，主に観察や対話，作品カードから把握した。

しかし，本題材では，木片を組み合わせながら表したいことを見付けることが重要であるため，「思考・判断・表現」は，「思考・判断・表現（発想や構想）」を中心に評価していく。

（3）「主体的に学習に取り組む態度」

　「主体的に学習に取り組む態度」については，つくりだす喜びを味わい進んで木を切ったり木片を組み合わせたりして立体に表したり鑑賞したりする学習活動に取り組もうとしている姿を「おおむね満足できる」状況として，観察や対話，作品，作品カードなどから捉えた。具体的には，発想や構想をすること，技能を働かせること，鑑賞することなどに進んで取り組もうとしているかについて，活動全体を通して把握した。

　本題材は，児童の興味や関心に著しい差が生じる題材ではなく，多くの児童が粘り強く取り組んだり，学習を調整したりするなどして主体的に学習に取り組もうとする題材である。しかし，のこぎりなどの扱いに不安を感じ，主体的に学習に取り組むことができないことも考えられることから，そのような児童を題材の始めの段階において把握し，適切な指導を行うことで「主体的に学習に取り組む態度」に影響が出ないよう配慮した。例えば「のこぎりで切ろうとしたら，木が動いて思い通りに切ることができない」という場合は，「木を万力やクランプでしっかり固定し，両手でのこぎりが使えるようにする」ことについて指導を行う。「切り始めに，のこぎりの刃が思い通りに入っていかない」という場合は，「切り始めは，のこぎりの刃の跡を付けるように軽く動かす」などの指導を行った。また，木片と木片が思い通りに接着できない児童には，木片の接着面に着目させたり，接着剤の量などに注意させたりするなど，適切な扱いを指導した。なお，学期等の総括に役立つ特徴的な姿については記録をしておいた。

　また，本事例は，作品を飾る場所を考えながら製作するという指導を行っている。作品を飾ることや飾って他者に見てもらうことを思い描くことも，児童が進んで学習に取り組むことにつながっていた。

7　観点別学習状況の評価の総括

　本題材では，題材の評価規準に照らして，適宜，児童の学習状況を把握し指導に生かす評価（○）と，題材の評価規準に照らして，全員の学習状況を記録に残す評価（◎）を設定し，題材全体を通して，観察の記録と作品，感想，そして児童との対話などを参考にしながら，観点別学習状況の評価を行った。例えば，本題材では1，2時間目に「技能」を働かせる活動場面がある。中にはのこぎりの扱い方に慣れずなかなか木が思い通りに切れない児童がいる。そこで，材料や用具を適切に扱えているかを評価し必要に応じて指導を行った。そのことによって，活動の後半では，児童が自分の思いで活動を進め，技能を働かせて工夫して表す姿につながっていった。このことを踏まえて「技能」については5時間目に記録に残す評価を行った。

　評価の総括は，題材の評価規準に照らして，主に，指導と評価の計画で明示した全員の学習状況を記録に残した評価を基に行う。

本事例における観点別学習状況の評価の総括の例

氏名	観点		記録に残す評価	総括	メモ
○○　○○	知技	知識	B	A	
		技能	A		
	思	発想や構想	B	B	
		鑑賞	B		
	態		B	B	
△△　△△	知技	知識	A	A	
		技能	A		
	思	発想や構想	A	A	
		鑑賞	B		
	態		A	A	
□□　□□	知技	知識	B	B	のこぎりに不安を感じていた→クランプで木を固定するように指導
		技能	B		
	思	発想や構想	C	B	
		鑑賞	A		
	態		B	B	

第3編
事例1

　総括では,「知識・技能」は「知識」と「技能」を,「思考・判断・表現」は「思考・判断・表現（発想や構想)」と「思考・判断・表現（鑑賞)」を考え合わせて総括することになる。

　その際に,年間指導計画上の題材の位置付けを考慮する必要がある。例えば,本題材の場合,「技能」は重点的に指導する題材であること,「思考・判断・表現」については,「思考・判断・表現（発想や構想)」を中心に評価したことから,総括においても,基本的にはこの視点を基に行っていく。

　例えば,○○さんは「知識」はB,「技能」はAであり,総括としては「知識・技能」はAとしている。△△さんは「思考・判断・表現（発想や構想)」A,「思考・判断・表現（鑑賞)」Bであり,総括としては「思考・判断・表現」はAとしている。

　しかし,総括においては,基本的な総括の方針を重視しながらも実際の児童の活動の内容に即して評価を行うことも大切である。例えば,□□さんは,「思考・判断・表現（発想や構想)」はC,「思考・判断・表現（鑑賞)」はAであるが,鑑賞の際に友人の表現の発想や構想したことについて,感じ取ったり考えたりし,自分の作品の木片の形を見直して組み合わせを変えようとしているなど,形や色などの組合せによる感じなどを基に,自分のイメージをもちながら,どのように表すかについて自分なりに考えている姿が見られたこと,さらに次はこんなことを表したいなど話している姿や作品カードへの記述が見られたことから「思考・判断・表現」をBと総括することにした。□□さんに対しては,今後実施する題材において,表したいことを見付ける場面で,友人の活動に目を向けるように指導をしたり,鑑賞の場面で友人の作品のよさや面白さを感じ取ることができたことなどを価値付け,発想や構想をする学習に主体的に取り組もうとするようにしたりすることが重要である。題材によっては,本事例のように評価する資質・能力の重点化をせずに,評価を行う場合もある。その際は,記録に残す評価の回数に応じて総括するなど,あらかじめ基準を決めておくことが大切である。

図画工作科　　事例2

キーワード　「思考・判断・表現」の評価

題材名	内容のまとまり
ひらいたはこから（第2学年）	第1学年及び第2学年 「絵や立体，工作」

1　題材の目標

(1) 自分の感覚や行為を通して，形や色などに気付き，カラーペンやクレヨン，パスなどに十分に慣れるとともに，手や体全体の感覚などを働かせ，表したいことを基に表し方を工夫して表す。

(2) 形や色などを基に，自分のイメージをもち，開いた箱を見て想像したことから表したいことを見付け，好きな形や色を選んだり，いろいろな形や色を考えたりしながら，どのように表すかについて考える。

(3) 楽しく開いた箱を見て想像したことを絵に表す活動に取り組み，つくりだす喜びを味わうとともに，形や色などに関わり楽しい生活を創造しようとする。

2　題材の評価規準

知識・技能	思考・判断・表現	主体的に学習に取り組む態度
・自分の感覚や行為を通して，形や色などに気付いている。 ・カラーペンやクレヨン，パスなどに十分に慣れるとともに，手や体全体の感覚などを働かせ，表したいことを基に表し方を工夫して表している。	形や色などを基に，自分のイメージをもち，開いた箱を見て想像したことから表したいことを見付け，好きな形や色を選んだり，いろいろな形や色を考えたりしながら，どのように表すかについて考えている。	つくりだす喜びを味わい楽しく開いた箱を見て想像したことを絵に表す学習活動に取り組もうとしている。

3　材料・用具

空き箱，クレヨン，パスなど

4　指導と評価の計画（2時間）

時間	ねらい・学習活動	評価の観点，評価方法等				備考
		知	技	思	態	
				構想	鑑賞	
1	・開いた箱を見て，どのようなことを表したいか想像し，表したいことを見付け，どのように表すかについて考える。	◎ 観察 対話 作品		○		本題材は，箱の形や色などに着目して発想や構想をすることに重点を置くので，1時間目に「知識」の視点で児童の学習状況を把握し，記録に残す。

| 2 | ・表したいことなどを友人と伝え合い，さらに発想や構想をする。
・表し方を工夫して表す。 | | ◎
観察
対話
作品 | ◎
観察
対話
作品 | ◎
観察
対話
作品 | 1時間目は「思考・判断・表現（発想や構想）」の視点で児童の学習状況を把握し，指導に生かす。それを踏まえて2時間目に「思考・判断・表現（発想や構想)」の視点で児童の学習状況を把握し，記録に残す。
「技能」については，2時間目に児童の学習状況を把握し，記録に残す。
「主体的に学習に取り組む態度」は，活動全体を通して把握し，最後に記録に残す。 |

○・・・題材の評価規準に照らして，適宜，児童の学習状況を把握し指導に生かす。

◎・・・題材の評価規準に照らして，全員の学習状況を把握し記録に残す。

5 指導と評価の実際（2時間）

時間	ねらい・学習活動	評価	
		評価の観点 評価方法等	評価の実際
1	・開いた箱から想像して，どのようなことを表したいか考え，表したいことを見付け，どのように表すかについて考える。 ・表したいことなどを友人と伝え合い，さらに発想や構想をする。	知 ◎ 観察 対話 作品 思 ○ (発想や構想)	・「知識」の視点で，形や色などに着目している様子を，観察する，つぶやきを捉えるなどして学習状況を把握し，指導に生かすとともに記録に残した。 ・「思考・判断・表現（発想や構想)」の視点で，表したいことを考えて見付けている様子を，観察する，友人との対話を捉えるなどして児童の学習状況を把握し，指導に生かした。 開いた紙をいろいろな向きから見て，形や色などに着目して表したいことを考えている。 出っ張った四角い形に着目し，それをトナカイの鼻に見立てて赤い色を付けている。さらに，その上の丸みのある部分の形を生かして目をかき足し，トナカイを表し始めている。

| 2 | ・表し方を工夫して表す。 | 思 ◎
（発想や構想）
観察
対話
作品

技 ◎
観察
対話
作品

態 ◎
観察
対話
作品 | ・「思考・判断・表現（発想や構想）」の視点で，表したいことを見付けどのように表すか考えている様子を，観察する，問いかける，作品を見るなどして学習状況を把握し，記録に残した。
紙の形や色を基にしたり表したことから思い付いたりしながら，かき進めている。
・「技能」の視点で，表し方を工夫して表している様子を，観察する，問いかける，作品を見るなどして学習状況を把握し，記録に残した。
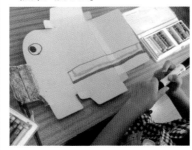クレヨンを横にして赤い鼻の部分を塗ったり，強い筆圧で黄色や茶色の部分をかいたり，クレヨンで塗った後から指でこすって青い部分をぼかしたりして，塗り分けている。
・これまで捉えてきた「主体的に学習に取り組む態度」の学習評価を踏まえて，記録に残した。 |

6 観点別学習状況の評価の進め方

ここでは，「思考・判断・表現」の学習評価について，「おおむね満足できる」状況，「十分満足できる」状況，「努力を要する」状況の判断を具体的に示す。特に，「努力を要する」状況と判断した児童に対して，どのような指導を行ったか，質的な高まりや深まりのある「十分満足できる」状況をどのように捉えたかについて示す。

本題材において，児童は開いた箱の形や色などに着目し，想像して自分の表したいことを見付けたり，表したいことをどのように表すかについて考えたりするなどの，「知識」や「思考力，判断力，表現力等（発想や構想）」を働かせる。そして，これまでのカラーペンやクレヨン，パスを扱った経験を生かしながら，表し方を工夫して絵に表していくなどの「技能」を働かせる。さらに，児童は友人の活動や作品から，表したいことや表し方などについて感じ取ったり考えたりし，自分の見方や感じ方を広げるなどの「思考力，判断力，表現力等（鑑賞）」を働かせる。このような活動を通して，「学びに向かう力，人間性等」も育まれていく。

本題材は，それぞれの児童が開いた箱の形や色などから想像して表したいことを見付けることが重要であることから，「思考力，判断力，表現力等（発想や構想）」の育成に重点をおく。児童は活動

の中で「思考力，判断力，表現力等（鑑賞）」は働かせているが，題材の目標としては設定していない。

　観点別学習状況の評価は，「知識・技能」「思考・判断・表現（発想や構想）」「主体的に学習に取り組む態度」の３観点を設定し，その中でも，「思考・判断・表現（発想や構想）」に重点を置いて評価を行った。

　図画工作科では，児童が「どのようなことを見付けたり思い付いたりしているか」「どのように表すかについて考えているか」などは，活動に取り組む様子や発話，作品，ワークシートへの記述などに表れる。そこで，児童の活動の様子や発話などに着目し，必要に応じて対話したり，作品と照らし合わせたりして評価した。

　学習活動に取り組む中では多様な姿が現れることになる。そのため，児童の発想や構想の中でも，表したいことを見付けるきっかけの傾向を事前に想定しておくことで，学習状況を判断しやすいということが考えられる。本事例においては，発想や構想に関して，主に次のような傾向が表れるのではないかと想定した。

箱の折れ目で区切られた部分から，表したいことを見付ける。	紙の全体の形から，表したいことを見付ける。	紙の一部の形から，表したいことを見付ける。
（製作された作品）  「カラフルふしぎな町」	（製作された作品） 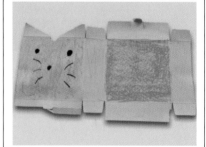 「スーパーねこ」	（製作された作品）  「ロボットトナカイ」

　観点別学習状況の評価において，妥当性や信頼性を高めるためには，「おおむね満足できる」状況としてどのような姿が考えられるのかを具体的に予測しておく必要がある。図画工作科は，一人一人の児童が自分の思いを実現するということを大切にしている。よって「おおむね満足できる」状況の姿は，一つではなく，多様な姿となる。教師が予測した姿だけで評価をしてしまうことのないように留意することも大切である。

（１）観点別学習状況の把握と指導及び評価の記録について

　指導と評価の一体化を図りつつ，評価の妥当性や信頼性を高めるには，児童の学習状況を把握し指導に生かす場面と，全員の学習状況を把握し記録に残す場面を設定することが大切である。

　本事例では，「思考・判断・表現（発想や構想）」の「努力を要する」状況として，「紙の形から表したいことを見付けることができず，絵に表していない」児童の姿や「紙の形から表したいことを見付けず，自分の好きなことを絵に表している」児童の姿が想定された。そこで，学習活動の早い段階で指導に生かす評価を行い，「努力を要する」児童に対して指導をすることで，資質・能力が育成さ

れると考えた。一方，質的な高まりや深まりをもつ「十分満足できる」状況の児童の姿は，ある程度活動を進めるうちに発展的に現れるのではないかと考えた。

そこで，学習活動の早い段階での学習状況の把握に努め，「努力を要する」状況にある児童を中心とした指導を優先した。そして，「十分満足できる」状況へと高まった活動が現れる後半に，そこに至るまでのプロセスを踏まえて評価し，記録に残した。

（2）「おおむね満足できる」状況の評価（B評価）と指導について

「思考・判断・表現（発想や構想）」については，形や色などを基に，自分のイメージをもちながら，開いた箱を見て想像したことから表したいことを見付け，好きな形や色を選んだりいろいろな形や色を考えたりしながら，どのように表すかについて考えている姿を「おおむね満足できる」状況とした。

具体的には，「紙の形の全体や部分を何かに見立てたり，その形から想像したりして表したいことを見付けている」「かいて生まれた形や色などからさらに想像している」「クレヨンやパスの色を選びながら，表したいことをどのように表そうか考えている」などの姿を捉え，「おおむね満足できる」状況と判断した。

（3）「努力を要する」状況の評価（C評価）と指導について

「表したいことを見付けることができない」「紙の形や，かいて生まれた形や色に関わりなく表したいことを見付けている」「どのように表せばよいか決められない」などの姿は，「努力を要する」状況と判断した。

その場合は，状況に応じた指導を行う必要がある。例えば，「表したいことを見付けることができない」児童や「紙やかいて生まれた形や色に関わりなく表したいことを見付けている」児童には，紙をいろいろな向きにして見るよう促したり，既にかいたものやかいたものの近くにある特徴的な部分を示してどのようなことが表せそうか問いかけたりした。一方で，「どのように表していけばよいか決められない」児童には，「周りはどんな様子だろう」「次にどんなことが起こるのかな」など，既にかいた部分から，どのように表すかについて考えられるような問いかけを行った。なお，どちらについても，既にかいている部分については，それらを否定することにならないように留意した。

ただし，児童の姿を表面的に捉えただけでは不十分な場合がある。例えば，何もかいていない児童の様子を見ただけでは，表したいことを見付けられないのか，形を見ながら表すことをじっくり考えているのかを判断することは難しい。このような場合は，児童の視線の先や手の動きなどに目を向けたり，そこに至るまでに現れた姿と関連付けたり，問いかけて思いを聞いたりするなどして，児童の状況を捉える工夫をする必要がある。

（4）「十分満足できる」状況の評価（A評価）と指導について

児童の表現している姿が，評価規準に照らして質的な高まりや深まりをもっているとき，「十分満足できる」状況として評価した。本事例では，かきながら次々に発想や構想をしている姿，形や色などを生かした表現を考えている姿などであった。具体的には，「開いた紙から想像して表したいことを見付け，かいて生まれた形や色などを基に想像し，次々に表したいことを見付けている」「開いた

紙から想像して表したいことを見付け、折れ目や折れ目で区切られた部分を生かしたり、形や広さなどに合わせたりしてどのように表すかについて考えている」などの姿を捉え、「十分満足できる」状況と判断した。

（5）作品からの評価について

作品を評価の資料として活用する場合も、評価の観点と照らし合わせて評価することが大切である。作品と活動の過程での評価と照らし合わせることで、評価の妥当性や信頼性を高めることになる。また、完成した作品を見直すことで、観察や対話などで捉えたことを確かめたり、表現の変化や、そこで育まれた資質・能力を把握したりすることができる。

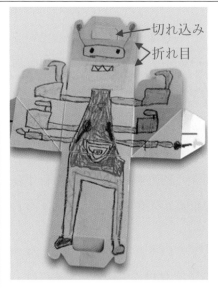

「メタルムシロボット」

Aさんは、紙をいろいろな向きにゆっくりと回し、紙を写真の向きにしたときに「上のところが頭みたいだ。」とつぶやいた。そして、頭の部分から胴体まで一気にかいた。（観察）

「面白いね。この先はどうなるかな。」と問いかけると、「横のところは上がぼこっとなっていて、下がでっかくなってるんだよな。」とつぶやき、少し考えてから、上から順に手をかいた。一番下の手をかく際には、「下は広いから、手がぐーんと伸びるんだよ。」と楽しそうな表情でかいた。（観察、対話）

捉えた姿に照らして作品を見ると、上の手では紙の形に合わせ、下の手では紙の広さを生かしてかいている。一方、形に合わせて頭の部分にアンテナのようなかき込みをしたり、箱の切れ込みの部分を額に収めたり、目の部分が紙の折れ目で挟まれた部分の中央にくるようにしたりするなど、形や広さを意識してどのように表すかについて考えていることが分かる。（作品）

（6）活動の過程での観察や対話、作品による児童の学習状況の把握の実際
○活動の過程での観察や対話からの学習状況の把握

① Bさんは開いた箱の折れ目で区切られた形に着目し、上と下を部屋に見立てた。そして「上と下の部屋をつなごう。」と、梯子をかき始めた。

② その後、横長の形から「これは新幹線の中にする。」と話し、運転席をかいた。そしてしばらく考えた後、下の部屋に車輪をかきはじめた。

③ 新幹線の車輪をかいているのかと思って見ていると、「下は狭いから、車輪の部屋にしたよ。」と話し、上の部屋にはベッドルームをかいた。さらに真ん中に自分をかいた。

教師は，活動の過程での児童の観察により，Bさんは，箱の折れ目で区切られた部分の形を基に，自分のイメージをもちながら，表したいことを見付け，形の特徴を生かしてどのように表すかについて考えていると捉えた。

「すごい新かん線」

① Cさんは開いた箱を縦にして，何かかけないか考えていた。しばらく考えた後，丸い穴と数本の長い線をかき始め，「これはギターなんだよ。」と話した。

② 弦の横にかいた模様について教師が尋ねると，「これは，きれいな音がいろいろ出ているところだよ。」と言い，形や色の違う流星を複数かいた。

③ その後，「そうだ。ギターもカラフルにするぞ。」とつぶやき，いろいろな色でギターに色を付けていった。

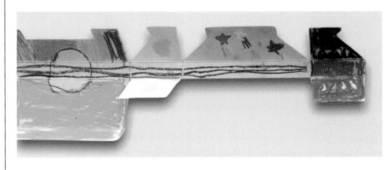

教師は，活動の過程での児童の観察や，それに基づいた対話により，Cさんは，開いた箱全体の形をギターに見立て，表したいことを見付け，好きな形や色を選んだり，いろいろな形や色を考えたりしながら，どのように表すかについて考えていると捉えた。

「ゆめのギター」

○作品からの学習状況の把握

「ふしぎなおうち」

Dさんは，作品に「ふしぎなおうち」と題名を付けた。作品上部の折り目で区切られた変型部分には，瓦や窓のかかれた屋根や，昼夜を表す太陽と月が表わされている。その下の四角形の部分には，天蓋の付いたベッドやハンガー，壁や庭など，折り目の区切りごとに内容を変えて家の内外の様子が表されている。教師は作品から，Dさんが箱の一部の形や開いた箱の折れ目で区切られた部分の形や広さから自分の表したいことを見付けることができたと捉え，活動の過程での評価資料と合わせて評価した。

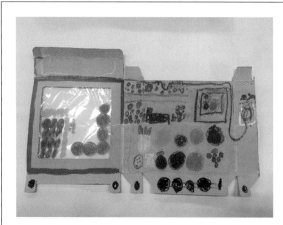

「フルーツいっぱいトラック」

Eさんは，作品に「フルーツいっぱいトラック」と題名を付けた。作品左側にある，セロハンの窓が付いた部分をトラックのフロントガラスに見立て，右側の荷台には様々なフルーツを積んだ様子が表されている。また，作品カードには，「大きなトラックだから，下のところにタイヤをたくさんかいたよ。」と記されている。

教師は作品や作品カードから，Eさんが作品の一部の形から見立ててかき始め，想像したことをから，自分の表したいフルーツをたくさん積んだトラックを，色とりどりに表したいと考えたと捉え，活動の過程での評価資料と合わせて評価した。

（7）知識の評価について

本事例では，自分の感覚や行為を通して，形や色などに気付いている姿を捉え，「おおむね満足できる」状況として評価した。本題材では，形や色などを基に，自分のイメージをもちながら，開いた箱から想像して表したいことを見付け，好きな形や色を選んだり，いろいろな形や色を考えたりしながら，どのように表すかについて考えることが重要である。「知識」と「思考力，判断力，表現力等（発想や構想）」は密接に関連しており，形や色などを基に思考力，判断力，表現力等を働かせることになる。そこで，学習活動の早い段階で「知識」の視点から学習状況を捉え，記録に残した。

具体的には，「開いた紙をいろいろな向きから見て，形や色などに着目して，表したいことを考えている」「四角い形に着目して，バスを表そうとしている」など，形や色などに着目しているかどうかを捉えた。

図画工作科　　事例3

キーワード　「主体的に学習に取り組む態度」の評価

題材名	内容のまとまり
花に心をこめて（第4学年）	第3学年及び第4学年 「絵や立体，工作」，「鑑賞」

1　題材の目標

　作品を飾りたい場所の様子や和紙を染めて感じたことから，表したいことを見付け，紙類や絵の具についての経験を生かし，手や体全体を十分に働かせ，表し方を工夫して表すとととともに，作品の造形的なよさや面白さ，表したいこと，いろいろな表し方などについて，感じ取ったり考えたりし，進んで染めた和紙で花を表現したり鑑賞したりする活動に取り組む。

2　題材の評価規準

知識・技能	思考・判断・表現	主体的に学習に取り組む態度
・自分の感覚や行為を通して，形や色などの組合せによる感じが分かっている。 ・和紙などを適切に扱うとともに，紙類や絵の具についての経験を生かし，手や体全体を十分に働かせ，表したいことに合わせて表し方を工夫して表している。	・形や色の組合せによる感じを基に，自分のイメージをもちながら，作品を飾りたい場所の様子や和紙を染めて感じたことから，表したいことを見付け，表したいことや場所の様子などを考え，形や色，材料などを生かしながら，どのように表すかについて考えている。 ・形や色の組合せによる感じを基に，自分のイメージをもちながら，自分たちの作品の造形的なよさや面白さ，表したいこと，いろいろな表し方などについて，感じ取ったり考えたりし，自分の見方や感じ方を広げている。	つくりだす喜びを味わい進んで染めた和紙で花を表現したり鑑賞したりする学習活動に取り組もうとしている。

3　材料・用具

　和紙（障子紙），絵の具，トレー，筆，セロハンテープ，ホチキス，はさみ，木工用接着剤，作品カード，ワークシートなど

4　指導と評価の計画（6時間）

時間	ねらい・学習活動	評価の観点，評価方法等					備考
		知 知識	技 技能	思		態	
				発想や 構想	鑑賞		
1 2	・作品を飾りたい場所の様子から，どんな花を表していきたいか考え，材料の和紙を絵の具で染める。		○				1，2時間目は，「技能」と関連付けて，主体的に学習に取り組む態度」の視点で児童の学習状況を把握し，指導に生かす。
3 4	・染めた和紙の色や質感を生かして，飾りたい場所に合う花をどのように表すかを考えて表す。			○ ◎ 観察 対話			3，4時間目は，「思考・判断・表現（発想や構想）」と関連付けて，「主体的に学習に取り組む態度」の視点で児童の学習状況を把握し，指導に生かす。
5	・場所に合う表したい花になるように表し方を工夫して表す。	◎ 観察 対話 作品	◎ 観察 対話 作品				5時間目は，「知識・技能」と関連付けて「主体的に学習に取り組む態度」の視点で児童の学習状況を把握し，指導に生かす。
6	・友人と互いの作品を見合い，よさや面白さ，表したいこと，いろいろな表し方について感じ取ったり考えたりし，見方や感じ方を広げる。				◎ 観察 対話 作品 作品カード ワークシート	◎ 観察 対話 作品 作品カード ワークシート	6時間目は，「思考・判断・表現（鑑賞）」と関連付けて「主体的に学習に取り組む態度」の視点で児童の学習状況を把握し，指導に生かす。 さらに，「主体的に学習に取り組む態度」は，活動全体を通して把握し，最後に記録に残す。

○・・・題材の評価規準に照らして，適宜，児童の学習状況を把握し指導に生かす。

◎・・・題材の評価規準に照らして，全員の学習状況を記録に残す。

5　指導と評価の実際（6時間）

時間	ねらい・学習活動	評価		
		評価の観点 評価方法等		評価の実際
1 ⋯ 2	・作品を飾りたい場所の様子から，どんな花を表していきたいか考え，材料の和紙を絵の具で染める。	技 ○ 態 ○		・「技能」の視点で児童の学習状況を把握し，指導に生かした。 ・「技能」と関連付けて「主体的に学習に取り組む態度」の視点で，進んで和紙を染めている様子を観察する，つぶやきを捉えるなどして児童の学習状況を把握し，指導に生かした。 家のどこに飾るか考えながら，自分の表したい花の色になるように和紙を染めている。
3	・染めた和紙の色や質感を生かして，飾りたい場所に合う花をどのように表すかを考えて表す。	思 ○ （発想や構想） 態 ○		・「思考・判断・表現（発想や構想）」の視点で児童の学習状況を把握し指導に生かした。 ・「思考・判断・表現（発想や構想）」と関連付けて「主体的に学習に取り組む態度」の視点で，進んでどのように表すか考えながら表している様子を観察する，つぶやきを捉える，作品を見るどして児童の学習状況を把握し，指導に生かした。 花にどんな心を込めたいのか，どんな花の形にするか，全体をどんな感じにするか，場所に合うようにどんな飾り方にするのかなどを考えながら，手を働かせて材料の和紙に関わっている。
4		思 ◎ （発想や構想） 観察 対話 態 ○		・「思考・判断・表現（発想や構想）」の視点で児童の学習状況を把握し，記録に残した。 ・「思考・判断・表現（発想や構想）」と関連付けて，「主体的に学習に取り組む態度」の視点で，進んで表したいことを見付けどのように表すか考えながら表している様子を観察する，問いかける，作品を見るなどして児童の学習状況を把握し，指導に生かした。

				手で和紙の感触を味わいながら表したいことを考え，それをどのように表そうか考えている。
5	・場所に合う表したい花になるように表し方を工夫して表す。	知 ◎ 観察 対話 作品 技 ◎ 観察 対話 作品 態 ○	・「知識」「技能」の視点で児童の学習状況を把握し記録に残した。 ・「知識・技能」と関連付けて，「主体的に学習に取り組む態度」の視点で，形や色などの組合せによる感じに着目しながら表したい花になるように表し方を工夫して表している様子を観察する，問いかける，作品を見るなどして学習状況を把握し，指導に生かした。	
				黄緑色と水色の和紙を使っていろいろな大きさで同じ形の花をつくり重ね合わせて新たな形になるようにしている。
				家で飾る場所の壁を思い浮かべながら，山吹色の明るい感じと紫色の落ち着いた感じが合うように考えて全体を見ながら花を表している。
6	・友人と互いの作品を見合い，よさや面白さ，表したいこと，いろいろな表し方について感じ取ったり考えたりし，見方や感じ方を広げる。	思 ◎ （鑑賞） 観察 対話 作品カード ワークシート 態 ◎ 観察	・「思考・判断・表現（鑑賞）」の視点で児童の学習状況を把握し記録に残した。 ・「思考・判断・表現（鑑賞）」と関連付けて，「主体的に学習に取り組む態度」の視点で，作品を鑑賞している様子を観察する，問いかける，作品カードやワークシートを見るなどして児童の学習状況を把握し，指導に生かした。 ・これまで捉えてきた「主体的に学習に取り組む態度」の学習評価を踏まえて，記録に残した。	

| | 対話
作品
作品カード
ワークシート |  |

友人と話し合いながら自分の作品を見て，花の形の面白さ，茎を曲がっているようにしたこと，全体が回るような飾り方ができる形になっているなどの表し方のよさを改めて感じ取っている。

友人の作品を見て色の生かし方や紙を巻くことによって生まれる花の形の面白さを感じ取り，自分の作品と比べて感じ方を広げている。

**第3編
事例3**

作品，作品カード，ワークシート

ぜんぜんげんかんにはカラフルな色がなかったので，この花を置くとすごくきれいだと思いました。

たたみに合うようにいろいろな色を使うのではなく2色にしました。結んだり丸めたりして花束のようにしました。

家に入ってすぐの玄関の壁に飾って，花が話しかける感じになるようにしました。太陽のような明るい花になるように回りは細い紙を使ってひらひらするように工夫して表しました。

見た人が「迎えてくれてありがとう」という気持ちになるように明るい青を使って形を工夫しました。

- 75 -

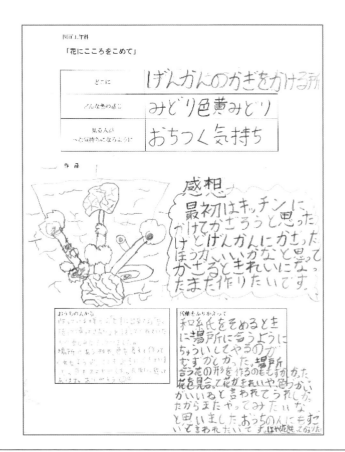

学校や仕事から帰ってきたときに
見るとつかれがふっとぶような色
にしました。花の形はそれぞれ違
う形にしました。

（事後）

　家に持ち帰って作品を飾り，保護者などと鑑賞する。ワークシートに飾った様子の絵をかいたり，写真を撮り印刷して貼ったりし，感じたことや考えたことなどを書く。保護者にもコメントをもらった。

6　観点別学習状況の評価の進め方

　ここでは「主体的に学習に取り組む態度」の評価について，具体的に示す。本事例の「主体的に学習に取り組む態度」は，つくりだす喜びを味わい進んで染めた和紙で花を工作に表したり鑑賞したりする学習活動に取り組もうとしている姿を「おおむね満足できる」状況として，観察や対話，ワークシートなどから捉えた。このように「主体的に学習に取り組む態度」に係る観点の趣旨に照らして，「知識及び技能」を習得したり，「思考力，判断力，表現力等」を身に付けたりするために，自らの学習状況を把握し，学習の進め方について試行錯誤するなど自らの学習を調整しながら，学ぼうとしているかどうかという意思的な側面を評価することが重要である。本事例では，「知識及び技能」を習得したり，「思考力，判断力，表現力等」を身に付けたりする場面において指導に生かす評価をし，学習活動全体を通して捉えた主体的に学習に取り組む態度を踏まえて，記録に残した。ここでは学習の流れに沿って説明する。

（1）「思考・判断・表現（発想や構想）」と「主体的に学習に取り組む態度」

　「思考・判断・表現（発想や構想）」については，「和紙を触り，握ったり折ったりしながら表したい形を見付けている」「飾りたい場所に合うように花の形を考えている」などの姿を「おおむね満足できる」状況として把握した。

「主体的に学習に取り組む態度」は，「思考・判断・表現（発想や構想）」で捉えた姿と関連付けて，つくりだす喜びを味わい進んで染めた和紙で花を工作に表す学習活動に取り組もうとしている様子を「おおむね満足できる」状況として，主に，観察，対話，作品，作品カードから把握した。

　観察では，「材料の和紙を見たり触ったりしながら，どんな形ができそうか考えることに進んで取り組もうとしている」「どのような花にしようか，ワークシートに書くことを通して考えることに進んで取り組もうとしている」などの姿から捉えた。対話では，児童の「私の家の玄関に合うように，明るい感じの花にしたいと思っている」「水色の花にしようと思うのだけれど，花びらはどうしようか考えている」などの言葉から捉えた。

（2）「知識」と「主体的に学習に取り組む態度」

　「知識」については，「染めた和紙の色や質感を生かしていろいろと試しながら，思いに合わせて表し方を工夫して表す場面において，形や色などによる組合せの感じに着目している」などの姿を「おおむね満足できる」状況として把握した。

　「主体的に学習に取り組む態度」は，「知識」で捉えた姿と関連付けて，つくりだす喜びを味わい進んで染めた和紙で花を工作に表す学習活動に取り組もうとしている様子を「おおむね満足できる」状況として，主に，観察，対話，作品，作品カードから把握した。

　観察では，「黄緑色と水色の和紙を使って花をつくり，重ね合わせて新たな形になるようにしている」，「花の色と真ん中の丸い形の色が合うように組合せを考え，全体が明るい感じになるようにしている」など，形や色などによる組合せの感じに着目して進んで表している姿から捉えた。作品からは，作品全体の印象だけでなく，作品の部分にも着目し，形の感じや色の感じ，組合せによる感じなどを捉えながら主体的に学習に取り組んでいるかどうかを捉えた。例えば，「玄関に合うように山吹色をつくろうとしている」「淡い色を生かしてふんわりした感じの丸い形をつくろうとしている」「全体が明るい感じになるように，和紙の色の組合せを考えて表そうとしている」などの姿から捉えた。

（3）「技能」と「主体的に学習に取り組む態度」

　「技能」については，「花を見る人のことを思い，どんな心を込めたいのかを確かめながら，手や体全体を十分に働かせて材料や用具を扱っている」「表したいことに合わせて，和紙を手でちぎったり，はさみで切ったり，折ったり丸めたりしながら，組合せ方やつなぎ方を工夫して表している」などの姿を「おおむね満足できる」状況として把握した。

　「主体的に学習に取り組む態度」は，「技能」で捉えた姿と関連付けて，つくりだす喜びを味わい進んで染めた和紙で花を工作に表す学習活動に取り組もうとしている様子を「おおむね満足できる」状況として，主に，観察，対話，作品，作品カードから把握した。観察では，「表したい形になるように，手を動かして何度も和紙を握ったり折ったりして，いろいろな花の形を試しながら工夫して表すことに進んで取り組んでいる」「太陽のような明るい花になるように回りは細い紙を使って工夫して表すことに進んで取り組み，つくりだす喜びを味わっている」などの姿から捉えた。作品からの評価では，作品全体の印象だけでなく，作品の部分にも着目し，材料や用具をどのように使っているか，思いをもって工夫して表しているかなどを具体的に捉えた。例えば「和紙のいろいろな表し方を組み合わせて表そうとしている」「紙類や絵の具についての経験を生かして表そうとしている」などの姿から捉えた。

（４）「思考・判断・表現（鑑賞）」と「主体的に学習に取り組む態度」

　「思考・判断・表現（鑑賞）」については，「友人と話し合いながら自分の作品を見て，花の形の面白さ，表し方のよさを感じ取っている」などの姿を「おおむね満足できる」状況として把握した。

　「主体的に学習に取り組む態度」は，「思考・判断・表現（鑑賞）」で捉えた姿と関連付けて，つくりだす喜びを味わい進んで鑑賞する学習活動に取り組もうとしている姿を「おおむね満足できる」状況として，主に，観察，作品，作品カードから把握した。

　観察では「友人の作品を見て色の生かし方や花の形の面白さを感じ取ることに，進んで取り組もうとしている」「自分の作品と友人の作品を比べて感じ方を広げることに進んで取り組もうとしている」などの姿から捉えた。また家に飾ることや家の人に見てもらうことを楽しみにして活動している様子からも，主体的に学習に取り組んでいる姿を捉えた。

　各場面において，「本題材に興味や関心をもてず，主体的に取り組もうとしていない」，「和紙を触っているが，どんな形にしようか決められず，活動が停滞している」，「花を立たせようとしたが思ったように立たず，投げやりになっている」，「発想や構想することに対しては主体的に取り組むことができたが，技能を働かせる段階では主体的に取り組むことができない」など「努力を要する」状況（C評価）の児童には，「知識・技能」，「思考・判断・表現」の視点で児童の姿を見直し，つまずいている点を把握し，指導をする必要がある。その上で，どこに花を飾る予定かなどを問いかけて，作品ができあがることに期待をもつようにする，これまでの活動を振り返り，見通しをもつようにするなど，自己の学習を調整し，粘り強く取り組むことができるようにした。

　このように，「主体的に学習に取り組む態度」の評価は，「知識・技能」「思考・判断・表現」と関連付けて評価することが大切である。また，「主体的に学習に取り組む態度」の視点で，観察や対話などによって捉えたことを基に，その場で称賛や励ましを行ったり，指導に生かしたりするなど適切な指導を行うことにより，さらに主体的に学習に取り組むことにつながる。

　本事例は，「主体的に学習に取り組む態度」についての事例だが，「学びに向かう力，人間性等」は，第一編（P.8）には次のような説明がある。

> 　観点別学習状況の評価や評定には示しきれない児童生徒一人一人のよい点や可能性，進歩の状況については，「個人内評価」として実施するものとされている。改善等通知においては，「観点別学習状況の評価になじまず個人内評価の対象となるものについては，児童生徒が学習したことの意義や価値を実感できるよう，日々の教育活動等の中で児童生徒に伝えることが重要であること。特に『学びに向かう力，人間性等』のうち『感性や思いやり』など児童生徒一人一人のよい点や可能性，進歩の状況などを積極的に評価し児童生徒に伝えることが重要であること。」と示されている。

　教科の目標や学年の目標，題材の目標として示している「学びに向かう力，人間性等」と，評価規準で設定している「主体的に学習に取り組む態度」とを照らし合わせるなどして，観点別学習状況の評価や評定には示しきれない児童一人一人のよい点や可能性，進歩の状況について，児童に伝えていくことが重要である。

題材名	内容のまとまり
中庭再発見プロジェクト（第６学年）	第５学年及び第６学年 「造形遊び」, 「鑑賞」

1　題材の目標

(1) 自分の感覚や行為を通して, 自然物や材料, それらの影, 光がつくりだす形や色などの造形的な特徴を理解する。活動に応じて材料や用具を活用するとともに, 前学年までの材料や用具についての経験や技能を総合的に生かしたり, 方法を組み合わせたりするなどして, 活動を工夫してつくる。

(2) 自然物や材料, それらの影, 光がつくりだす形や色などの造形的な特徴を基に, 自分のイメージをもち, 造形的な活動を思い付き, 構成したり周囲の様子を考え合わせたりしながら, どのような活動をするか考えるとともに, 活動によって変化した中庭の様子などの造形的なよさや美しさ, 表現の意図や特徴, 表し方の変化などについて, 感じ取ったり考えたりし, 自分の見方や感じ方を深める。

(3) 中庭の新たな魅力を発見しようと, 自然物や材料の特徴を基にする活動に主体的に取り組み, つくりだす喜びを味わうとともに, 形や色などに関わり楽しい生活を創造しようとする。

2　題材の評価規準

知識・技能	思考・判断・表現	主体的に学習に取り組む態度
自分の感覚や行為を通して, 自然物や材料, それらの影, 光がつくりだす形や色などの造形的な特徴を理解し, 活動に応じて材料や用具を活用するとともに, 前学年までの材料や用具についての経験や技能を総合的に生かしたり, 方法を組み合わせたりするなどして, 活動を工夫してつくっている。	・自然物や材料, それらの影, 光がつくりだす形や色などの造形的な特徴を基に, 自分のイメージをもち, 造形的な活動を思い付き, 構成したり周囲の様子を考え合わせたりしながら, どのような活動をするか考えている。 ・自然物や材料, それらの影, 光がつくりだす形や色などの造形的な特徴を基に, 自分のイメージをもちながら, 活動によって変化した中庭の様子などの造形的なよさや美しさ, 表現の意図や特徴, 表し方の変化などについて, 感じ取ったり考えたりし, 自	つくりだす喜びを味わい主体的に中庭の特徴を生かした造形遊びをしたり鑑賞したりする学習活動に取り組もうとしている。

		分の見方や感じ方を深めている。	

3 材料・用具

　ビニルシート，プラスチックボード，ビニルロープ，デジタルカメラやビデオカメラ，タブレットなど

4 指導と評価の計画（4時間）

時間	ねらい・学習活動	評価の観点，評価方法等					備考
		知 知識	技 技能	思 発想や構想	鑑賞	態	
1	・自然物や材料，それらの影，光がつくりだす形や色などの造形的な特徴を理解するとともに，場所や材料，空間に関わりながらその特徴を捉え，どのような造形的な活動ができそうかを考える。	○		○			1，2時間目は記録に残す評価はしないが，「知識」と「思考・判断・表現（発想や構想）」の視点で児童の学習状況を把握し，指導に生かす。
2 3	・造形的な特徴を理解するとともに，構成したり周囲の様子を考え合わせたりしながら，どのような活動をするか考え，前学年までの材料や用具についての経験や技能を総合的に生かしたり，方法を組み合わせたりするなどして，活動を工夫してつくる。	◎ 観察 対話		◎ 観察 対話			2，3時間目を通して，「知識・技能」，「思考・判断・表現（発想や構想）」の視点で児童の学習状況を把握し，記録に残す。
4	・活動によって変化した中庭の様子などの造形的なよさや美しさ，表現の意図や特徴，表し方の変化などについて，感じ取ったり考えたりし，自分の見方や感じ方を深める。				◎ 観察 ワークシート	◎ 観察 対話 作品 ワークシート	4時間目は，「思考・判断・表現（鑑賞）」の視点で児童の学習状況を把握し，記録に残す。「主体的に学習に取り組む態度」は，活動全体を通して把握し，最後に記録に残す。

○・・・題材の評価規準に照らして，適宜，児童の学習状況を把握し指導に生かす。

◎・・・題材の評価規準に照らして，全員の学習状況を把握し記録に残す。

5 観点別学習状況の評価の進め方

ここでは，造形遊びをする活動における「思考・判断・表現」について，多様な方法を用いて評価した事例を示す。

本事例では，中庭の空間や植えられた樹木の様子や差し込む光などと，透明または半透明な材料を関わらせながら活動をつくっていく。場所や材料の特徴を生かし，主体的に造形的な活動を思い付いたり，思い付いたことを実現するために活動を工夫してつくること，対象の造形的なよさや美しさについて，感じ取ったり考えたりし，自分の見方や感じ方を深めることをねらいとする。このような学習活動であることを踏まえて，本事例では「思考・判断・表現」に重点をおいた評価を行うことにした。評価資料の収集や評価方法の工夫として（１）フィールドマップや座席表（観察や対話，つくりつつある活動の様子の観察）（２）ワークシート，（３）デジタルカメラ，タブレット（４）ポートフォリオなどを活用した。

（１）フィールドマップや座席表（観察や対話，つくりつつある活動の様子の観察）

活動の過程の姿に着目して評価する場合，観察や対話から収集できる情報は多くあるが，時間が経つと忘れてしまって記憶に残らないという課題がある。そのため，適切な場面で記録を取ることにより，児童の学習状況を学習評価に反映することができる。

造形遊びでは，座席が決まっているわけではなく，活動範囲が広いことが多い。本事例では，枠のない紙に，児童の活動の様子を捉えて気付いたことを簡単に書きとめるフィールドマップを作成した。同じ活動をしている児童を○で囲んだり，関わり合いがあった児童同士を線でつなげたりした。さらに，記号を決めて記入するなど，教師が後から見て分かりやすい方法で記録した。

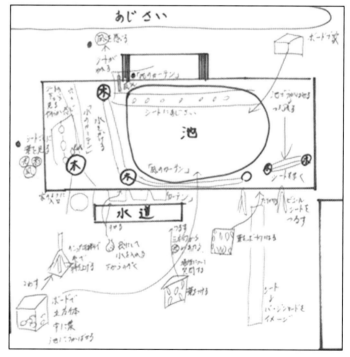

教師が作成したフィールドマップ

着席して活動することが多い題材では，座席表を使うことも考えられる。これらの記録は観察や対話を思い出す手掛かりとなる。詳細に記述することが目的ではないことに留意する必要がある。

児童が「何を感じているのか」「何を考えているのか」などは，児童の動きや視線，発話などを観察によって捉えることで，おおむね理解することができる。例えば，本事例では，ビニルシートやプラスチック板などの材料を取り替え，中庭の自然物に繰り返し当てている姿を，材料の違いによる自然物の見え方の違いを確かめながら活動を考えている様子と捉えた。また，活動によって変化した中庭の様子を少し離れた場所から何度も見直し，材料を動かしたり取り替えたりする姿を，材料の配置や周囲との調和，中庭全体の雰囲気などを検討している様子と捉えた。ある児童は，低くて並んで生えている木に着目し，「ここを囲んだら面

白そう」と話し，材料としてシートを選んで囲み始めた。実際に中に入って空間の感じを味わい，さらに，この後「光が透けてきれいだね」と光に着目した発言をしており，「光の美しさを感じる場所にしたい」という考えをもって活動していることが分かった。「プラ板に映った葉の形の美しさや面白さを生かして活動している」「光が当たる位置を選んで透明シートを張り巡らしている」「丈夫になるようプラ板に穴を開けて吊り下げている」など，造形的な特徴を生かしていたり，活動を工夫してつくっていたりする児童の具体的な様子も捉え記録していった。

さらに，観察に加えて教師が児童と対話をし，特徴的な発言も記録をしておくことで，評価の妥当性や信頼性を高めることにつながった。

（2）デジタルカメラ・ビデオカメラ・タブレットの活用

デジタルカメラやタブレットを用いることによって，活動の途中の段階や特徴的な様子などを記録することができる。それによって，表現の過程での児童の姿が捉えやすくなる。

タブレットは，大画面でその場で画像を確認しやすく，撮った画像はフォルダごとに整理できるなどの機能がある。本事例ではタブレット端末を使って児童も撮影をしている。児童が撮影した写真を教師が見ることで，活動の流れや思考のプロセスを確認することができた。

動画で撮影する際は，教室全体が映るように一点を固定して撮影する方法や，グループや個人を追って撮影する方法などがある。また，映像から静止画像を取り出すことも可能なため，特徴的な場面の画像を取り出し，指導や評価に生かすこともできる。

本事例では，活動の後半の段階で，「初めに思い付いた活動から，更に発展させて新しい活動を思い付いている」「自分のイメージを基にどのように活動するかについて考えている」など児童が思考力，判断力，表現力などをさらに働かせている状況を捉えることとした。その際，初めの段階の様子をデジタルカメラやタブレット端末で撮影し，後半の様子と見比べることで，一人一人の変容を捉えることができた。

（3）ワークシートの活用

ワークシートは児童の学習活動や自己評価の場であると同時に，評価として重要な資料である。ただし，毎時間必ず行ったり，書き込むのに時間のかかる形式にしたりすると，表現活動の時間を削ることになる。頻繁に行うのではなく，発達の段階を踏まえた上で，どの題材で用いるか，活動のどの場所に位置付けるか，どの程度の時間を費やすかなどに配慮する必要がある。

本事例では，児童は活動の始まりで材料と場所の特徴を捉え，イメージマップなどを用

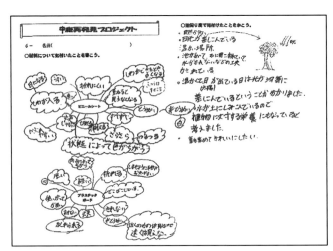

活動の始まりで書いたワークシート

いてどんな活動が考えられるか簡単に書いていった。こうして文章を書く負担を減らすとともに，教師が一人一人の発想や構想の特徴を捉えられるようにした。

このワークシートを書いた児童は，材料の透過性に着目すると同時に材質感の違いにも気付いており，多様な言葉で表現している。場所の特徴にもよく気付いていることが分かる。これらの知識は，活動を考える手掛かりとなっている。

　終末場面においては気付いたことや振り返りを書くことで，自己評価ができるようにした。

　また，「思考・判断・表現（鑑賞）」について，対象によさや美しさを感じている姿を，観察や対話，ワークシートへの記述などから捉えることもできる。

　なお，中学年や高学年では感想だけでなく，それが作品の「どこからそう思ったのか」を問うことで，根拠が明確に分かるような形式にしていくことも考えられる。

　本事例では，活動をしていてもったイメージ，場所の変化について感じたことなどを問うことで，児童が活動のプロセスを具体的に振り返ることができるようにした。

活動の終末でで書いたワークシート

（４）ポートフォリオの活用

　作品の経過写真や，ワークシートなどを蓄積することは，個人のポートフォリオとして，学びの変容を捉えるためには有効である。座席表やフィールドマップなどのデータと合わせて読み取ることで，より児童の変容を確かめることができる。

　例えば，低学年では，写真用のファイルを用いたポートフォリオを使うことが考えられる。この形式は教室の棚などにコンパクトに保存できるので整理がしやすい。また，絵や立体，工作など作品の形に関わらず同じように保存でき，ワークシートをファイルのサイズに合わせて作成して差し込むことで，児童自身の自己評価が容易になる。また，学期ごとに，家庭に持ち帰るようにすることで，児童の学習の様子について保護者に知らせることもできる。

　高学年では，ノートやスケッチブックを活用することが考えられる。ノートやスケッチブックは，ワークシートを貼る，感じたことや考えたことなどを書き込む，アイデアスケッチをかくなどができる。教師は児童の感じたことや考えたことなどを捉えることができる。

第3編
事例4

　本事例では，ポートフォリオの一つとして，タブレットを活用した児童自身による写真の撮影を取り入れている。児童自身の判断で撮影が可能なため児童の思考が反映されやすく，特に「知識」や「思考・判断・表現」の評価で，他の評価資料と組み合わせることで，評価の妥当性や信頼性を高めることにつながった。ＩＣＴ機器の普及により，タブレットなどを活用する環境が整ってきており，今後，様々な場面での活用が考えられる。ただし，児童の表現する活動の妨げにならないように学習活動を設定したり，表現する活動と写真を撮る活動を分けて設定し

タブレット端末で活動を記録する児童

たり，機器の使い方について理解する場を事前に設けたりするなどの点に留意する必要がある。

　なお，本事例では，様々な評価方法等の工夫をしているが，学校の実態や題材に合わせて，適宜活用することが大切である。

6　児童の活動の様子と思考・判断・表現の評価の実際

Aさん

児童の活動の様子	評価（評価方法等）
まずビニルシートを木の枝にぶら下げてみることを友人に提案した。その後，たまたま風が吹いたことで，ビニルシートが風で揺れる様子に気付いた。	ビニルシートが風に揺れる様子から船の帆のようなイメージをもった。材料と風が吹く空間から発想をしている。（対話，観察からフィールドマップへ記入，画像）
友人と協力して，枝にぶら下げたビニルシートを池の上を通して反対側の木の幹に付けた。その後，ビニルシートに池の水をかけた。	ビニルシートの様子から様々なカーテンをつくろうと思い付き，「水のカーテン」にしようと考え，水をかけた。材料とその場所にあるものから自分のイメージをもっている。（対話，観察からフィールドマップへ記入，画像）
木の幹に付けたビニルシートを伸ばして，さらにとなりの木の枝にビニルロープでくくり付けようと友人に提案し，協力して活動を進めていた。	風が吹いたときに揺れるようにしようとしている。また，風でビニルシートが揺れる様子から「風のカーテン」と名付け，自分の発想をさらに広げている。（対話，観察からフィールドマップへ記入，画像）
刈られて落ちていたあじさいに目を付け，ビニルシートに穴を開けて茎を通して次々と付けていった。次にテープにあじさいの花びらを隙間なく付けて，木の枝にぶら下げた。	あじさいを付けたビニルシートに「花のカーテン」と名付け，さらに風から風鈴をイメージし，ビニルシートに花びらを付けることを思い付いている。　（対話，観察からフィールドマップへ記入，画像，ワークシート）

Bさん

児童の活動の様子		評価（評価方法等）
	始めは，プラスチックボードが光を通すので，屋根のようにして家みたいなものをつくろうと考えた。しかし，プラスチックボードは使わずに，ビニルシートを木の幹にくくり付けた。	自分がもった思いとは違う活動を始めている。（ワークシート）友人との話合いの結果，その活動に賛同したようである。（対話，観察からフィールドマップへ記入）
	ビニルシート越しに葉を見て，「葉の色がやわらかく感じる。きれい。」とつぶやく。その後，タブレット端末で下から画像を撮っていた。	材料と場所，空間の組み合わせから，よさや美しさを感じ取っていることが分かる。（対話，観察からフィールドマップへ記入）（ポートフォリオ）
	木と木の間にビニルロープを掛け，ビニルシートを張る。その後，ビニルシートに穴を開け，縫うようにロープを通して，シートを支えるよう提案をした。ロープには，落ちていたあじさいの花を付けた。	始めは友人の考えに同調し，自分の意見をあまり言わなかったBさんが，新たに考えたことを積極的に提案していた。（観察からフィールドマップへ記入）後に，あじさいを付けた方が華やかになったと活動を振り返っている。（ワークシート）
	ビニルシートを切って袋状にし，落ちていた実で色を付けた水をその中に入れ，木の幹にぶら下げた。また，地面にはプラスチックボードを敷いた。	振り返りの記述から，色水が光に反射して美しいと感じていることが分かる。（ワークシート）また，休憩できる場所のような空間が出来上がったと，自らの発想に満足気だった。（対話，観察）

Cさん

児童の活動の様子		評価（評価方法等）
	始めはプラスチックボードで家をつくりたいと思い，まず浮かばせることを試した。	材料と場所の特徴を基に，試しながら活動を進めている。（観察からフィールドマップへ記入）（画像）
	ビニルシートを伸ばして，池に浮かばせ，その上に小さいプラスチックボードを浮かばせた。イメージが変わってきたため，別の友人と活動をすることにした。	活動が進むにつれて，始めに思い付いたツリーハウスから考えが変わっていった。（対話，観察からフィールドマップへ記入）（画像）材料や場所と関わりながらいろいろと試す中でイメージが変わっている。
	池に浮かばせていたビニルシートの上に，落ちていたあじさいを乗せた。その後，ビニルシートを木の枝と岩の間につるすことにした。その後，落ちていたあじさいの花をビニルシートに乗せていった。	ビニルシートを浮かせた方が美しいと思い付き，池の上の風をイメージした。また，あじさいが風に乗っているように感じており，材料と空間を基に発想や構想をしていることが分かる。（対話，観察からフィールドマップへ記入）（画像）

　「材料や場所，空間などの特徴を基に造形的な活動を思い付いているのではなく，自分のつくりたいものをつくっている」，「友人の発想や構想をしたことを実現することだけをしていて，自分で活動を思い付いていない」，「材料を触っているが，周囲の様子を見ながら活動を考えていない」など「努力を要する」状況（C評価）の児童には，材料に触れる，周囲の様子に目を向けることなどを提案し，自分なりに視点を決めて材料を集めたり場所を探したりできるようにした。また，これまでの造形遊びをする活動を振り返り，そこからも発想や構想のきっかけをつかめるように指導した。

　造形遊びでは，複数の児童が協力して活動することが多く見られる。また，活動は時間の経過とともに変化し，結果として残らないこともある。だからこそ，一人一人の児童が何を感じ，考え，活動しているのか，多様な評価方法を用い，適切な場面を捉えて評価していく必要がある。共同してつくりだす活動において，とりわけ個に着目する姿勢を大切にしつつ，観察を中心にしながら必要に応じて対話を行うこと，全員の学習状況を把握し記録に残す場面を十分に検討することなどが重要である。

第3編
事例4

巻末資料

小学校図画工作科における「内容のまとまりごとの評価規準（例）」

I　第1学年及び第2学年
1　第1学年及び第2学年の目標と評価の観点及びその趣旨

	（1）	（2）	（3）
目標	対象や事象を捉える造形的な視点について自分の感覚や行為を通して気付くとともに、手や体全体の感覚などを働かせ材料や用具を使い、表し方などを工夫して、創造的につくったり表したりすることができるようにする。	造形的な面白さや楽しさ、表したいこと、表し方などについて考え、楽しく発想や構想をしたり、身の回りの作品などから自分の見方や感じ方を広げたりすることができるようにする。	楽しく表現したり鑑賞したりする活動に取り組み、つくりだす喜びを味わうとともに、形や色などに関わり楽しい生活を創造しようとする態度を養う。

（小学校学習指導要領 P. 129）

観点	知識・技能	思考・判断・表現	主体的に学習に取り組む態度
趣旨	・対象や事象を捉える造形的な視点について自分の感覚や行為を通して気付いている。 ・手や体全体の感覚などを働かせ材料や用具を使い、表し方などを工夫して、創造的につくったり表したりしている。	形や色などを基に、自分のイメージをもちながら、造形的な面白さや楽しさ、表したいこと、表し方などについて考えるとともに、楽しく発想や構想をしたり、身の回りの作品などから自分の見方や感じ方を広げたりしている。	つくりだす喜びを味わい楽しく表現したり鑑賞したりする学習活動に取り組もうとしている。

（改善等通知　別紙4　P.16）

2　内容のまとまりごとの評価規準（例）
(1)「造形遊び」

知識・技能	思考・判断・表現	主体的に学習に取り組む態度
・自分の感覚や行為を通して、形や色などに気付いている。 ・身近で扱いやすい材料や用具に十分に慣れるとともに、並べたり、つないだり、積んだりするなど手や体全体の感覚などを働かせ、活動を工夫してつくっている。	形や色などを基に、自分のイメージをもちながら、身近な自然物や人工の材料の形や色などを基に造形的な活動を思い付き、感覚や気持ちを生かしながら、どのように活動するかについて考えている。	つくりだす喜びを味わい楽しく表現する学習活動に取り組もうとしている。

巻末資料

(2) 「絵や立体，工作」

知識・技能	思考・判断・表現	主体的に学習に取り組む態度
・自分の感覚や行為を通して，形や色などに気付いている。 ・身近で扱いやすい材料や用具に十分に慣れるとともに，手や体全体の感覚などを働かせ，表したいことを基に表し方を工夫して表している。	形や色などを基に，自分のイメージをもちながら，感じたこと，想像したことから，表したいことを見付け，好きな形や色を選んだり，いろいろな形や色を考えたりしながら，どのように表すかについて考えている。	つくりだす喜びを味わい楽しく表現する学習活動に取り組もうとしている。

(3) 「鑑賞」

知識・技能	思考・判断・表現	主体的に学習に取り組む態度
自分の感覚や行為を通して，形や色などに気付いている。	形や色などを基に，自分のイメージをもちながら，自分たちの作品や身近な材料などの造形的な面白さや楽しさ，表したいこと，表し方などについて，感じ取ったり考えたりし，自分の見方や感じ方を広げている。	つくりだす喜びを味わい楽しく鑑賞する学習活動に取り組もうとしている。

巻末
資料

Ⅱ 第3学年及び第4学年

1 第3学年及び第4学年の目標と評価の観点及びその趣旨

	（1）	（2）	（3）
目標	対象や事象を捉える造形的な視点について自分の感覚や行為を通して分かるとともに，手や体全体を十分に働かせ材料や用具を使い，表し方などを工夫して，創造的につくったり表したりすることができるようにする。	造形的なよさや面白さ，表したいこと，表し方などについて考え，豊かに発想や構想をしたり，身近にある作品などから自分の見方や感じ方を広げたりすることができるようにする。	進んで表現したり鑑賞したりする活動に取り組み，つくりだす喜びを味わうとともに，形や色などに関わり楽しく豊かな生活を創造しようとする態度を養う。

（小学校学習指導要領 P. 130）

観点	知識・技能	思考・判断・表現	主体的に学習に取り組む態度
趣旨	・対象や事象を捉える造形的な視点について自分の感覚や行為を通して分かっている。 ・手や体全体を十分に働かせ材料や用具を使い，表し方などを工夫して，創造的につくったり表したりしている。	形や色などの感じを基に，自分のイメージをもちながら，造形的なよさや面白さ，表したいこと，表し方などについて考えるとともに，豊かに発想や構想をしたり，身近にある作品などから自分の見方や感じ方を広げたりしている。	つくりだす喜びを味わい進んで表現したり鑑賞したりする学習活動に取り組もうとしている。

（改善等通知　別紙4　P. 16）

2 内容のまとまりごとの評価規準（例）

(1) 「造形遊び」

知識・技能	思考・判断・表現	主体的に学習に取り組む態度
・自分の感覚や行為を通して，形や色などの感じが分かっている。 ・材料や用具を適切に扱うとともに，前学年までの材料や用具についての経験を生かし，組み合わせたり，切ってつないだり，形を変えたりするなどして，手や体全体を十分に働かせ，活動を工夫してつくっている。	形や色などの感じを基に，自分のイメージをもちながら，身近な材料や場所などを基に造形的な活動を思い付き，新しい形や色などを思い付きながら，どのように活動するかについて考えている。	つくりだす喜びを味わい進んで表現する学習活動に取り組もうとしている。

(2) 「絵や立体，工作」

知識・技能	思考・判断・表現	主体的に学習に取り組む態度
・自分の感覚や行為を通して，形や色などの感じが分かっている。 ・材料や用具を適切に扱うとともに，前学年までの材料や用具についての経験を生かし，手や体全体を十分に働かせ，表したいことに合わせて表し方を工夫して表している。	形や色などの感じを基に，自分のイメージをもちながら，感じたこと，想像したこと，見たことから，表したいことを見付け，表したいことや用途などを考え，形や色，材料などを生かしながら，どのように表すかについて考えている。	つくりだす喜びを味わい進んで表現する学習活動に取り組もうとしている。

(3) 「鑑賞」

知識・技能	思考・判断・表現	主体的に学習に取り組む態度
自分の感覚や行為を通して，形や色などの感じが分かっている。	形や色などの感じを基に，自分のイメージをもちながら，自分たちの作品や身近な美術作品，製作の過程などの造形的なよさや面白さ，表したいこと，いろいろな表し方などについて，感じ取ったり考えたりし，自分の見方や感じ方を広げている。	つくりだす喜びを味わい進んで鑑賞する学習活動に取り組もうとしている。

巻末
資料

Ⅲ　第5学年及び第6学年

1　第5学年及び第6学年の目標と評価の観点及びその趣旨

	（1）	（2）	（3）
目標	対象や事象を捉える造形的な視点について自分の感覚や行為を通して理解するとともに，材料や用具を活用し，表し方などを工夫して，創造的につくったり表したりすることができるようにする。	造形的なよさや美しさ，表したいこと，表し方などについて考え，創造的に発想や構想をしたり，親しみのある作品などから自分の見方や感じ方を深めたりすることができるようにする。	主体的に表現したり鑑賞したりする活動に取り組み，つくりだす喜びを味わうとともに，形や色などに関わり楽しく豊かな生活を創造しようとする態度を養う。

（小学校学習指導要領 P.132）

観点	知識・技能	思考・判断・表現	主体的に学習に取り組む態度
趣旨	・対象や事象を捉える造形的な視点について自分の感覚や行為を通して理解している。 ・材料や用具を活用し，表し方などを工夫して，創造的につくったり表したりしている。	形や色などの造形的な特徴を基に，自分のイメージをもちながら，造形的なよさや美しさ，表したいこと，表し方などについて考えるとともに，創造的に発想や構想をしたり，親しみのある作品などから自分の見方や感じ方を深めたりしている。	つくりだす喜びを味わい主体的に表現したり鑑賞したりする学習活動に取り組もうとしている。

（改善等通知　別紙4　P.17）

2　内容のまとまりごとの評価規準（例）

（1）「造形遊び」

知識・技能	思考・判断・表現	主体的に学習に取り組む態度
・自分の感覚や行為を通して，形や色などの造形的な特徴を理解している。 ・活動に応じて材料や用具を活用するとともに，前学年までの材料や用具についての経験や技能を総合的に生かしたり，方法などを組み合わせたりするなどして，活動を工夫してつくっている。	形や色などの造形的な特徴を基に，自分のイメージをもちながら，材料や場所，空間などの特徴を基に造形的な活動を思い付き，構成したり周囲の様子を考え合わせたりしながら，どのように活動するかについて考えている。	つくりだす喜びを味わい主体的に表現する学習活動に取り組もうとしている。

(2)「絵や立体，工作」

知識・技能	思考・判断・表現	主体的に学習に取り組む態度
・自分の感覚や行為を通して，形や色などの造形的な特徴を理解している。 ・表現方法に応じて材料や用具を活用するとともに，前学年までの材料や用具などについての経験や技能を総合的に生かしたり，表現に適した方法などを組み合わせたりするなどして，表したいことに合わせて表し方を工夫して表している。	形や色などの造形的な特徴を基に，自分のイメージをもちながら，感じたこと，想像したこと，見たこと，伝え合いたいことから，表したいことを見付け，形や色，材料の特徴，構成の美しさなどの感じ，用途などを考えながら，どのように主題を表すかについて考えている。	つくりだす喜びを味わい主体的に表現する学習活動に取り組もうとしている。

(3)「鑑賞」

知識・技能	思考・判断・表現	主体的に学習に取り組む態度
自分の感覚や行為を通して，形や色などの造形的な特徴を理解している。	形や色などの造形的な特徴を基に，自分のイメージをもちながら，自分たちの作品，我が国や諸外国の親しみのある美術作品，生活の中の造形などの造形的なよさや美しさ，表現の意図や特徴，表し方の変化などについて，感じ取ったり考えたりし，自分の見方や感じ方を深めている。	つくりだす喜びを味わい主体的に鑑賞する学習活動に取り組もうとしている。

評価規準，評価方法等の工夫改善に関する調査研究について

平成 31 年 2 月 4 日　国立教育政策研究所長裁定

平成 31 年 4 月 12 日　一　　部　　改　　正

1　趣　旨

　学習評価については，中央教育審議会初等中等教育分科会教育課程部会において「児童生徒の学習評価の在り方について」（平成 31 年 1 月 21 日）の報告がまとめられ，新しい学習指導要領に対応した，各教科等の評価の観点及び評価の観点に関する考え方が示されたところである。

　これを踏まえ，各小学校，中学校及び高等学校における児童生徒の学習の効果的，効率的な評価に資するため，教科等ごとに，評価規準，評価方法等の工夫改善に関する調査研究を行う。

2　調査研究事項

（1）評価規準及び当該規準を用いた評価方法に関する参考資料の作成

（2）学校における学習評価に関する取組についての情報収集

（3）上記（1）及び（2）に関連する事項

3　実施方法

　調査研究に当たっては，教科等ごとに教育委員会関係者，教師及び学識経験者等を協力者として委嘱し，2の事項について調査研究を行う。

4　庶　務

　この調査研究にかかる庶務は，教育課程研究センターにおいて処理する。

5　実施期間

　平成 31 年 4 月 19 日〜令和 2 年 3 月 31 日

巻末
資料

評価規準，評価方法等の工夫改善に関する調査研究協力者（五十音順）

（職名は平成31年4月現在）

足達　哲也　　　　群馬県総合教育センター指導主事

有川　貴子　　　　浜松市立中ノ町小学校教諭

大泉　義一　　　　早稲田大学准教授

小林　恭代　　　　千葉県四街道市立栗山小学校教頭

中下　美華　　　　京都市立西京極西小学校長

西村　德行　　　　東京学芸大学准教授

廣田　和人　　　　埼玉大学教育学部附属小学校教諭

山田　芳明　　　　鳴門教育大学大学院教授

国立教育政策研究所においては，次の関係官が担当した。

岡田　京子　　　　国立教育政策研究所教育課程研究センター研究開発部教育課程調査官

この他，本書編集の全般にわたり，国立教育政策研究所において以下の者が担当した。

笹井　弘之　　　　国立教育政策研究所教育課程研究センター長

清水　正樹　　　　国立教育政策研究所教育課程研究センター研究開発部副部長

髙井　　修　　　　国立教育政策研究所教育課程研究センター研究開発部研究開発課長

高橋　友之　　　　国立教育政策研究所教育課程研究センター研究開発部研究開発課指導係長

奥田　正幸　　　　国立教育政策研究所教育課程研究センター研究開発部研究開発課指導係専門職

森　　孝博　　　　国立教育政策研究所教育課程研究センター研究開発部教育課程調査官

学習指導要領等関係資料について

　学習指導要領等の関係資料は以下のとおりです。いずれも，文部科学省や国立教育政策研究所のウェブサイトから閲覧が可能です。スマートフォンなどで閲覧する際は，以下の二次元コードを読み取って，資料に直接アクセスする事が可能です。本書と合わせて是非ご覧ください。

---

① 学習指導要領、学習指導要領解説　等

② 中央教育審議会答申「幼稚園、小学校、中学校、高等学校及び特別支援学校の学習指導要領等の改善及び必要な方策等について」(平成 28 年 12 月 21 日)

③ 中央教育審議会初等中等教育分科会教育課程部会報告「児童生徒の学習評価の在り方について」(平成 31 年 1 月 21 日)

④ 小学校，中学校，高等学校及び特別支援学校等における児童生徒の学習評価及び指導要録の改善等について(平成 31 年 3 月 29 日 30 文科初第 1845 号初等中等教育局長通知)

　　　　　　　　　　　※各教科等の評価の観点等及びその趣旨や指導要録(参考様式)は，同通知に掲載。

⑤ 学習評価の在り方ハンドブック(小・中学校編)(令和元年 6 月)

⑥ 学習評価の在り方ハンドブック(高等学校編)(令和元年 6 月)

⑦ 平成 29 年改訂の小・中学校学習指導要領に関する Q&A

⑧ 平成 30 年改訂の高等学校学習指導要領に関する Q&A

⑨ 平成 29・30 年改訂の学習指導要領下における学習評価に関する Q&A

①　　②　　③

④　　⑤　　⑥

⑦　　⑧　　⑨

巻末資料

学習評価の
在り方
ハンドブック

小・中学校編

文部科学省　国立教育政策研究所教育課程研究センター

学習指導要領

学習指導要領とは, 国が定めた「教育課程の基準」です。

(学校教育法施行規則第52条, 74条, 84条及び129条等より)

■学習指導要領の構成
〈小学校の例〉

前文
第1章　総則
第2章　各教科
　　　　第1節　　国語
　　　　第2節　　社会
　　　　第3節　　算数
　　　　第4節　　理科
　　　　第5節　　生活
　　　　第6節　　音楽
　　　　第7節　　図画工作
　　　　第8節　　家庭
　　　　第9節　　体育
　　　　第10節　外国語
第3章　特別の教科 道徳
第4章　外国語活動
第5章　総合的な学習の時間
第6章　特別活動

総則は, 以下の項目で整理され,
全ての教科等に共通する事項が記載されています。

- 第1　小学校教育の基本と教育課程の役割
- 第2　教育課程の編成
- 第3　教育課程の実施と学習評価
- 第4　児童の発達の支援
- 第5　学校運営上の留意事項
- 第6　道徳教育に関する配慮事項

学習評価の
実施に当たっての
配慮事項

各教科等の目標, 内容等が記載されています。

(例) 第1節　国語

- 第1　目標
- 第2　各学年の目標及び内容
- 第3　指導計画の作成と内容の取扱い

　平成29年改訂学習指導要領の各教科等の目標や内容は,
教育課程全体を通して育成を目指す資質・能力の三つの柱に
基づいて再整理されています。

ア　何を理解しているか, 何ができるか
　　(生きて働く「知識・技能」の習得)
イ　理解していること・できることをどう使うか(未知の状況にも
　　対応できる「思考力・判断力・表現力等」の育成)
ウ　どのように社会・世界と関わり, よりよい人生を送るか
　　(学びを人生や社会に生かそうとする「学びに向かう力・
　　人間性等」の涵養)

平成29年改訂「小学校学習指導要領」より
※中学校もおおむね同様の構成です。

詳しくは, 文部科学省Webページ「学習指導要領のくわしい内容」をご覧ください。
(http://www.mext.go.jp/a_menu/shotou/new-cs/1383986.htm)

学習指導要領解説

学習指導要領解説とは，大綱的な基準である学習指導要領の記述の意味や解釈などの詳細について説明するために，文部科学省が作成したものです。

■学習指導要領解説の構成
〈小学校 国語編の例〉

●第1章　総説
- 1　改訂の経緯及び基本方針
- 2　国語科の改訂の趣旨及び要点

●第2章　国語科の目標及び内容
- 第1節　国語科の目標
  - 1　教科の目標
  - 2　学年の目標
- 第2節　国語科の内容
  - 1　内容の構成
  - 2　〔知識及び技能〕の内容
  - 3　〔思考力，判断力，表現力等〕の内容

●第3章　各学年の内容
- 第1節　第1学年及び第2学年の内容
  - 1　〔知識及び技能〕
  - 2　〔思考力，判断力，表現力等〕
- 第2節　第3学年及び第4学年の内容
  - 1　〔知識及び技能〕
  - 2　〔思考力，判断力，表現力等〕
- 第3節　第5学年及び第6学年の内容
  - 1　〔知識及び技能〕
  - 2　〔思考力，判断力，表現力等〕

●第4章　指導計画の作成と内容の取扱い
- 1　指導計画作成上の配慮事項
- 2　内容の取扱いについての配慮事項
- 3　教材についての配慮事項

総説
改訂の経緯及び
基本方針

●付録
- 付録1：学校教育施行規則(抄)
- 付録2：小学校学習指導要領　第1章　総則
- 付録3：小学校学習指導要領　第2章　第1節　国語
- 付録4：教科の目標,各学年の目標及び内容の系統表
  （小・中学校国語科）
- 付録5：中学校学習指導要領　第2章　第1節　国語
- 付録6：小学校学習指導要領　第2章　第10節　外国語
- 付録7：小学校学習指導要領　第4章　外国語活動
- 付録8：小学校学習指導要領　第3章　特別の教科　道徳
- 付録9：「道徳の内容」の学年段階・学校段階の一覧表
- 付録10：幼稚園教育要領

教科等の目標及び内容の概要

参考（系統性等）

学年や分野ごとの内容

指導計画作成や内容の取扱いに係る配慮事項

「小学校学習指導要領解説 国語編」より
※中学校もおおむね同様の構成です。「総則編」,「総合的な学習の時間編」及び「特別活動編」は異なった構成となっています。

教師は，学習指導要領で定めた資質・能力が，児童生徒に確実に育成されているかを評価します

学習評価の基本的な考え方

学習評価の基本的な考え方

　学習評価は，学校における教育活動に関し，児童生徒の学習状況を評価するものです。「児童生徒にどういった力が身に付いたか」という学習の成果を的確に捉え，**教師が指導の改善を図る**とともに，**児童生徒自身が自らの学習を振り返って次の学習に向かうことができるようにする**ためにも，学習評価の在り方は重要であり，教育課程や学習・指導方法の改善と一貫性のある取組を進めることが求められます。

カリキュラム・マネジメントの一環としての指導と評価

　各学校は，日々の授業の下で児童生徒の学習状況を評価し，その結果を児童生徒の学習や教師による指導の改善や学校全体としての教育課程の改善，校務分掌を含めた組織運営等の改善に生かす中で，学校全体として組織的かつ計画的に教育活動の質の向上を図っています。

　このように，「学習指導」と「学習評価」は学校の教育活動の根幹であり，教育課程に基づいて組織的かつ計画的に教育活動の質の向上を図る「カリキュラム・マネジメント」の中核的な役割を担っています。

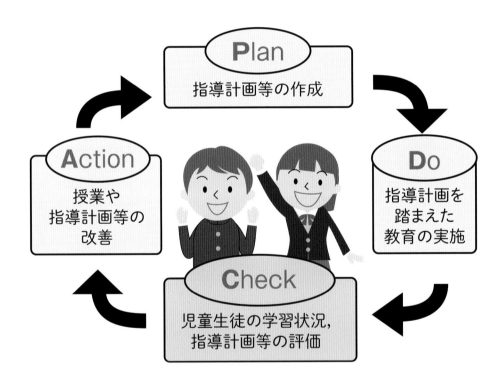

主体的・対話的で深い学びの視点からの授業改善と評価

　指導と評価の一体化を図るためには，児童生徒一人一人の学習の成立を促すための評価という視点を一層重視することによって，教師が自らの指導のねらいに応じて授業の中での児童生徒の学びを振り返り，学習や指導の改善に生かしていくというサイクルが大切です。平成29年改訂学習指導要領で重視している「主体的・対話的で深い学び」の視点からの授業改善を通して，各教科等における資質・能力を確実に育成する上で，学習評価は重要な役割を担っています。

☑ 教師の指導改善に
つながるものにしていくこと

☑ 児童生徒の学習改善に
つながるものにしていくこと

☑ これまで慣行として行われてきたことでも,
必要性・妥当性が認められないものは
見直していくこと

次の授業では
〇〇を重点的に
指導しよう。

〇〇のところは
もっと〜した方が
よいですね。

詳しくは, 平成31年3月29日文部科学省初等中等教育局長通知「小学校,中学校,高等学校及び特別支援学校等における児童生徒の学習評価及び指導要録の改善等について (通知)」をご覧ください。
(http://www.mext.go.jp/b_menu/hakusho/nc/1415169.htm)

コラム

評価に戸惑う児童生徒の声

「先生によって観点の重みが違うんです。授業態度をとても重視する先生もいるし,テストだけで判断するという先生もいます。そうすると,どう努力していけばよいのか本当に分かりにくいんです。」(中央教育審議会初等中等教育分科会教育課程部会 児童生徒の学習評価に関するワーキンググループ第7回における高等学校3年生の意見より)

あくまでこれは一部の意見ですが,学習評価に対する児童生徒のこうした意見には,適切な評価を求める切実な思いが込められています。そのような児童生徒の声に応えるためにも,教師は,児童生徒への学習状況のフィードバックや,授業改善に生かすという評価の機能を一層充実させる必要があります。教師と児童生徒が共に納得する学習評価を行うためには,評価規準を適切に設定し,評価の規準や方法について,教師と児童生徒及び保護者で共通理解を図るガイダンス的な機能と,児童生徒の自己評価と教師の評価を結び付けていくカウンセリング的な機能を充実させていくことが重要です。

Column

学習評価の基本構造

平成29年改訂で, 学習指導要領の目標及び内容が資質・能力の三つの柱で再整理されたことを踏まえ, 各教科における観点別学習状況の評価の観点については, 「知識・技能」, 「思考・判断・表現」, 「主体的に学習に取り組む態度」の3観点に整理されています。

「学びに向かう力, 人間性等」には
①「主体的に学習に取り組む態度」として観点別評価（学習状況を分析的に捉える）を通じて見取ることができる部分と,
②観点別評価や評定にはなじまず, こうした評価では示しきれないことから個人内評価を通じて見取る部分があります。

各教科における評価の基本構造

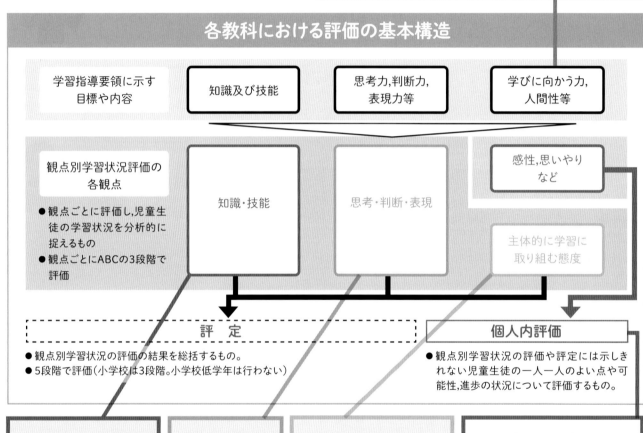

学習指導要領に示す目標や内容

- 知識及び技能
- 思考力, 判断力, 表現力等
- 学びに向かう力, 人間性等

観点別学習状況評価の各観点

- 観点ごとに評価し, 児童生徒の学習状況を分析的に捉えるもの
- 観点ごとにABCの3段階で評価

知識・技能　　思考・判断・表現　　感性, 思いやりなど　　主体的に学習に取り組む態度

評定
- 観点別学習状況の評価の結果を総括するもの。
- 5段階で評価（小学校は3段階。小学校低学年は行わない）

個人内評価
- 観点別学習状況の評価や評定には示しきれない児童生徒の一人一人のよい点や可能性, 進歩の状況について評価するもの。

各教科等における学習の過程を通した知識及び技能の習得状況について評価を行うとともに, それらを既有の知識及び技能と関連付けたり活用したりする中で, 他の学習や生活の場面でも活用できる程度に概念等を理解したり, 技能を習得したりしているかを評価します。

各教科等の知識及び技能を活用して課題を解決する等のために必要な思考力, 判断力, 表現力等を身に付けているかどうかを評価します。

知識及び技能を獲得したり, 思考力, 判断力, 表現力等を身に付けたりするために, 自らの学習状況を把握し, 学習の進め方について試行錯誤するなど自らの学習を調整しながら, 学ぼうとしているかどうかという意思的な側面を評価します。

個人内評価の対象となるものについては, 児童生徒が学習したことの意義や価値を実感できるよう, 日々の教育活動等の中で児童生徒に伝えることが重要です。特に, 「学びに向かう力, 人間性等」のうち「感性や思いやり」など児童生徒一人一人のよい点や可能性, 進歩の状況などを積極的に評価し児童生徒に伝えることが重要です。

詳しくは, 平成31年1月21日文部科学省中央教育審議会初等中等教育分科会教育課程部会「児童生徒の学習評価の在り方について（報告）」をご覧ください。
(http://www.mext.go.jp/b_menu/shingi/chukyo/chukyo3/004/gaiyou/1412933.htm)

特別の教科 道徳, 外国語活動, 総合的な学習の時間及び特別活動の評価について

特別の教科 道徳, 外国語活動(小学校のみ), 総合的な学習の時間, 特別活動についても, 学習指導要領で示したそれぞれの目標や特質に応じ, 適切に評価します。なお, 道徳科の評価は, 入学者選抜の合否判定に活用することのないようにする必要があります。

特別の教科 道徳(道徳科)

児童生徒の人格そのものに働きかけ, 道徳性を養うことを目標とする道徳科の評価としては, 観点別評価は妥当ではありません。授業において児童生徒に考えさせることを明確にして, 「道徳的諸価値についての理解を基に, 自己を見つめ, 物事を(広い視野から)多面的・多角的に考え, 自己の(人間としての)生き方についての考えを深める」という学習活動における児童生徒の具体的な取組状況を, 一定のまとまりの中で, 児童生徒が学習の見通しを立てたり学習したことを振り返ったりする活動を適切に設定しつつ, 学習活動全体を通して見取ります。

外国語活動(小学校のみ)

評価の観点については, 学習指導要領に示す「第1目標」を踏まえ, 右の表を参考に設定することとしています。この3つの観点に則して児童の学習状況を見取ります。

知識・技能	思考・判断・表現	主体的に学習に取り組む態度
●外国語を通して, 言語や文化について体験的に理解を深めている。 ●日本語と外国語の音声の違い等に気付いている。 ●外国語の音声や基本的な表現に慣れ親しんでいる。	身近で簡単な事柄について, 外国語で聞いたり話したりして自分の考えや気持ちなどを伝え合っている。	外国語を通して, 言語やその背景にある文化に対する理解を深め, 相手に配慮しながら, 主体的に外国語を用いてコミュニケーションを図ろうとしている。

総合的な学習の時間

評価の観点については, 学習指導要領に示す「第1目標」を踏まえ, 各学校において具体的に定めた目標, 内容に基づいて, 右の表を参考に定めることとしています。この3つの観点に則して児童生徒の学習状況を見取ります。

知識・技能	思考・判断・表現	主体的に学習に取り組む態度
探究的な学習の過程において, 課題の解決に必要な知識や技能を身に付け, 課題に関わる概念を形成し, 探究的な学習のよさを理解している。	実社会や実生活の中から問いを見いだし, 自分で課題を立て, 情報を集め, 整理・分析して, まとめ・表現している。	探究的な学習に主体的・協働的に取り組もうとしているとともに, 互いのよさを生かしながら, 積極的に社会に参画しようとしている。

特別活動

特別活動の特質と学校の創意工夫を生かすということから, 設置者ではなく, 各学校が評価の観点を定めることとしています。その際, 学習指導要領に示す特別活動の目標や学校として重点化した内容を踏まえ, 例えば以下のように, 具体的に観点を示すことが考えられます。

特別活動の記録								
内容	観点 学年		1	2	3	4	5	6
学級活動	よりよい生活を築くための知識・技能		○		○	○	○	
児童会活動	集団や社会の形成者としての思考・判断・表現			○	○		○	
クラブ活動	主体的に生活や人間関係をよりよくしようとする態度					○		
学校行事				○		○	○	

各学校で定めた観点を記入した上で, 内容ごとに, 十分満足できる状況にあると判断される場合に, ○印を記入します。

○印をつけた具体的な活動の状況等については, 「総合所見及び指導上参考となる諸事項」の欄に簡潔に記述することで, 評価の根拠を記録に残すことができます。

小学校児童指導要録(参考様式)様式2の記入例(5年生の例)

なお, 特別活動は学級担任以外の教師が指導する活動が多いことから, 評価体制を確立し, 共通理解を図って, 児童生徒のよさや可能性を多面的・総合的に評価するとともに, 確実に資質・能力が育成されるよう指導の改善に生かすことが求められます。

観点別学習状況の評価について

　観点別学習状況の評価とは,学習指導要領に示す目標に照らして,その実現状況がどのようなものであるかを,観点ごとに評価し,児童生徒の学習状況を分析的に捉えるものです。

▎「知識・技能」の評価の方法

　「知識・技能」の評価の考え方は,従前の評価の観点である「知識・理解」,「技能」においても重視してきたところです。具体的な評価方法としては,例えばペーパーテストにおいて,事実的な知識の習得を問う問題と,知識の概念的な理解を問う問題とのバランスに配慮するなどの工夫改善を図る等が考えられます。また,児童生徒が文章による説明をしたり,各教科等の内容の特質に応じて,観察・実験をしたり,式やグラフで表現したりするなど実際に知識や技能を用いる場面を設けるなど,多様な方法を適切に取り入れていくこと等も考えられます。

▎「思考・判断・表現」の評価の方法

　「思考・判断・表現」の評価の考え方は,従前の評価の観点である「思考・判断・表現」においても重視してきたところです。具体的な評価方法としては,ペーパーテストのみならず,論述やレポートの作成,発表,グループや学級における話合い,作品の制作や表現等の多様な活動を取り入れたり,それらを集めたポートフォリオを活用したりするなど評価方法を工夫することが考えられます。

▎「主体的に学習に取り組む態度」の評価の方法

　具体的な評価方法としては,ノートやレポート等における記述,授業中の発言,教師による行動観察や,児童生徒による自己評価や相互評価等の状況を教師が評価を行う際に考慮する材料の一つとして用いることなどが考えられます。その際,各教科等の特質に応じて,児童生徒の発達の段階や一人一人の個性を十分に考慮しながら,「知識・技能」や「思考・判断・表現」の観点の状況を踏まえた上で,評価を行う必要があります。

「主体的に学習に取り組む態度」の評価のイメージ

○「主体的に学習に取り組む態度」の評価については、①知識及び技能を獲得したり、思考力、判断力、表現力等を身に付けたりすることに向けた粘り強い取組を行おうとする側面と、②①の粘り強い取組を行う中で、自らの学習を調整しようとする側面、という二つの側面から評価することが求められる。

○これら①②の姿は実際の教科等の学びの中では別々ではなく相互に関わり合いながら立ち現れるものと考えられる。例えば、自らの学習を全く調整しようとせず粘り強く取り組み続ける姿や、粘り強さが全くない中で自らの学習を調整する姿は一般的ではない。

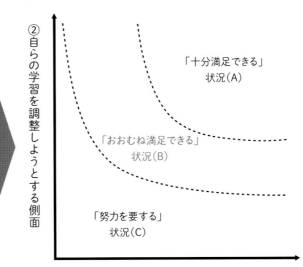

②自らの学習を調整しようとする側面

「十分満足できる」状況(A)

「おおむね満足できる」状況(B)

「努力を要する」状況(C)

①粘り強い取組を行おうとする側面

　ここでの評価は、その学習の調整が「適切に行われるか」を必ずしも判断するものではなく、学習の調整が知識及び技能の習得などに結びついていない場合には、教師が学習の進め方を適切に指導することが求められます。

「自らの学習を調整しようとする側面」とは…

　自らの学習状況を把握し、学習の進め方について試行錯誤するなどの意思的な側面のことです。評価に当たっては、児童生徒が自らの理解の状況を振り返ることができるような発問の工夫をしたり、自らの考えを記述したり話し合ったりする場面、他者との協働を通じて自らの考えを相対化する場面を、単元や題材などの内容のまとまりの中で設けたりするなど、「主体的・対話的で深い学び」の視点からの授業改善を図る中で、適切に評価できるようにしていくことが重要です。

コラム

「主体的に学習に取り組む態度」は、「関心・意欲・態度」と同じ趣旨ですが…
〜こんなことで評価をしていませんでしたか？〜

　平成31年1月21日文部科学省中央教育審議会初等中等教育分科会教育課程部会「児童生徒の学習評価の在り方について（報告）」では、学習評価について指摘されている課題として、「関心・意欲・態度」の観点について「学校や教師の状況によっては、挙手の回数や毎時間ノートを取っているかなど、性格や行動面の傾向が一時的に表出された場面を捉える評価であるような誤解が払拭し切れていない」ということが指摘されました。これを受け、従来から重視されてきた各教科等の学習内容に関心をもつことのみならず、よりよく学ぼうとする意欲をもって学習に取り組む態度を評価するという趣旨が改めて強調されました。

Column

学習評価の充実

学習評価の妥当性, 信頼性を高める工夫の例

- 評価規準や評価方法について,事前に教師同士で検討するなどして明確にすること,評価に関する実践事例を蓄積し共有していくこと,評価結果についての検討を通じて評価に係る教師の力量の向上を図ることなど,学校として組織的かつ計画的に取り組む。
- 学校が児童生徒や保護者に対し,評価に関する仕組みについて事前に説明したり,評価結果について丁寧に説明したりするなど,評価に関する情報をより積極的に提供し児童生徒や保護者の理解を図る。

評価時期の工夫の例

- 日々の授業の中では児童生徒の学習状況を把握して指導に生かすことに重点を置きつつ,各教科における「知識・技能」及び「思考・判断・表現」の評価の記録については,原則として単元や題材などのまとまりごとに,それぞれの実現状況が把握できる段階で評価を行う。
- 学習指導要領に定められた各教科等の目標や内容の特質に照らして,複数の単元や題材などにわたって長期的な視点で評価することを可能とする。

学年や学校間の円滑な接続を図る工夫の例

- 「キャリア・パスポート」を活用し,児童生徒の学びをつなげることができるようにする。
- 小学校段階においては,幼児期の教育との接続を意識した「スタートカリキュラム」を一層充実させる。
- 高等学校段階においては,入学者選抜の方針や選抜方法の組合せ,調査書の利用方法,学力検査の内容等について見直しを図ることが考えられる。

▌評価方法の工夫の例

全国学力・学習状況調査
（問題や授業アイディア例）を参考にした例

　平成19年度より毎年行われている全国学力・学習状況調査では，知識及び技能等を実生活の様々な場面に活用する力や，様々な課題解決のための構想を立て実践し評価・改善する力などに関わる内容の問題が出題されています。

　全国学力・学習状況調査の解説資料や報告書，授業アイディア例を参考にテストを作成したり，授業を工夫したりすることもできます。

　詳しくは，国立教育政策研究所Webページ「全国学力・学習状況調査」をご覧ください。

(http://www.nier.go.jp/kaihatsu/zenkokugakuryoku.html)

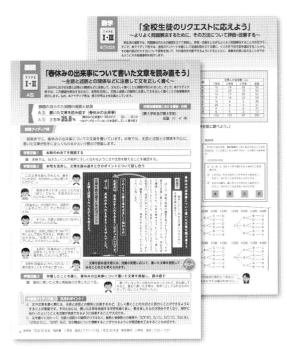

授業アイディア例

評価の方法の共有で働き方改革

　ペーパーテスト等のみにとらわれず，一人一人の学びに着目して評価をすることは，教師の負担が増えることのように感じられるかもしれません。しかし，児童生徒の学習評価は教育活動の根幹であり，「カリキュラム・マネジメント」の中核的な役割を担っています。その際，助けとなるのは，教師間の協働と共有です。

　評価の方法やそのためのツールについての悩みを一人で抱えることなく，学校全体や他校との連携の中で，計画や評価ツールの作成を分担するなど，これまで以上に協働と共有を進めれば，教師一人当たりの量的・時間的・精神的な負担の軽減につながります。風通しのよい評価体制を教師間で作っていくことで，評価方法の工夫改善と働き方改革にもつながります。

「指導と評価の一体化の取組状況」

A:学習評価を通じて，学習評価のあり方を見直すことや個に応じた指導の充実を図るなど，指導と評価の一体化に学校全体で取り組んでいる。

B:指導と評価の一体化の取組は，教師個人に任されている。

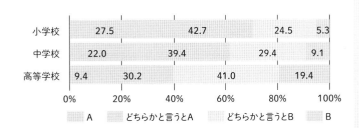

	A	どちらかと言うとA	どちらかと言うとB	B
小学校	27.5	42.7	24.5	5.3
中学校	22.0	39.4	29.4	9.1
高等学校	9.4	30.2	41.0	19.4

（平成29年度文部科学省委託調査「学習指導と学習評価に対する意識調査」より）

Column

Q&A －先生方の質問にお答えします－

Q1 1回の授業で,3つの観点全てを評価しなければならないのですか。

A. 学習評価については,日々の授業の中で児童生徒の学習状況を適宜把握して指導の改善に生かすことに重点を置くことが重要です。したがって観点別学習状況の評価の記録に用いる評価については,毎回の授業ではなく原則として単元や題材などの内容や時間のまとまりごとに,それぞれの実現状況を把握できる段階で行うなど,その場面を精選することが重要です。

Q2 「十分満足できる」状況(A)はどのように判断したらよいのですか。

A. 各教科において「十分満足できる」状況(A)と判断するのは,評価規準に照らし,児童生徒が実現している学習の状況が質的な高まりや深まりをもっていると判断される場合です。「十分満足できる」状況(A)と判断できる児童生徒の姿は多様に想定されるので,学年会や教科部会等で情報を共有することが重要です。

Q3 指導要録の文章記述欄が多く,かなりの時間を要している現状を解決できませんか。

A. 本来,学習評価は日常の指導の場面で,児童生徒本人へフィードバックを行う機会を充実させるとともに,通知表や面談などの機会を通して,保護者との間でも評価に関する情報共有を充実させることが重要です。このため,指導要録における文章記述欄については,例えば,「総合所見及び指導上参考となる諸事項」については,要点を箇条書きとするなど,必要最小限のものとなるようにしました。また,小学校第3学年及び第4学年における外国語活動については,記述欄を簡素化した上で,評価の観点に即して,児童の学習状況に顕著な事項がある場合などにその特徴を記入することとしました。

Q4 評定以外の学習評価についても保護者の理解を得るにはどのようにすればよいのでしょうか。

A. 保護者説明会等において,学習評価に関する説明を行うことが効果的です。各教科等における成果や課題を明らかにする「観点別学習状況の評価」と,教育課程全体を見渡した学習状況を把握することが可能な「評定」について,それぞれの利点や,上級学校への入学者選抜に係る調査書のねらいや活用状況を明らかにすることは,保護者との共通理解の下で児童生徒への指導を行っていくことにつながります。

Q5 障害のある児童生徒の学習評価について,どのようなことに配慮すべきですか。

A. 学習評価に関する基本的な考え方は,障害のある児童生徒の学習評価についても変わるものではありません。このため,障害のある児童生徒については,特別支援学校等の助言または援助を活用しつつ,個々の児童生徒の障害の状態等に応じた指導内容や指導方法の工夫を行い,その評価を適切に行うことが必要です。また,指導要録の通級による指導に関して記載すべき事項が個別の指導計画に記載されている場合には,その写しをもって指導要録への記入に替えることも可能としました。

文部科学省
国立教育政策研究所
NIER National Institute for Educational Policy Research

令和元年6月
文部科学省　国立教育政策研究所教育課程研究センター
〒100-8951 東京都千代田区霞が関3丁目2番2号　TEL 03-6733-6833(代表)

「指導と評価の一体化」のための
学習評価に関する参考資料
【小学校 図画工作】

令和2年6月27日	初版発行
令和5年6月9日	6版発行

著作権所有	国立教育政策研究所 教育課程研究センター
発 行 者	東京都千代田区神田錦町2丁目9番1号 コンフォール安田ビル2階 株式会社 東洋館出版社 代表者 錦織 圭之介
印 刷 者	大阪市住之江区中加賀屋4丁目2番10号 岩岡印刷株式会社
発 行 所	東京都千代田区神田錦町2丁目9番1号 コンフォール安田ビル2階 株式会社 東洋館出版社 電話 03-6778-7278

ISBN978-4-491-04126-1　　　　定価：本体1,000円
（税込1,100円）税10%